뇌과학 기반 개별맞춤형교육(ICE)

ICE: Individualized Customizing Education

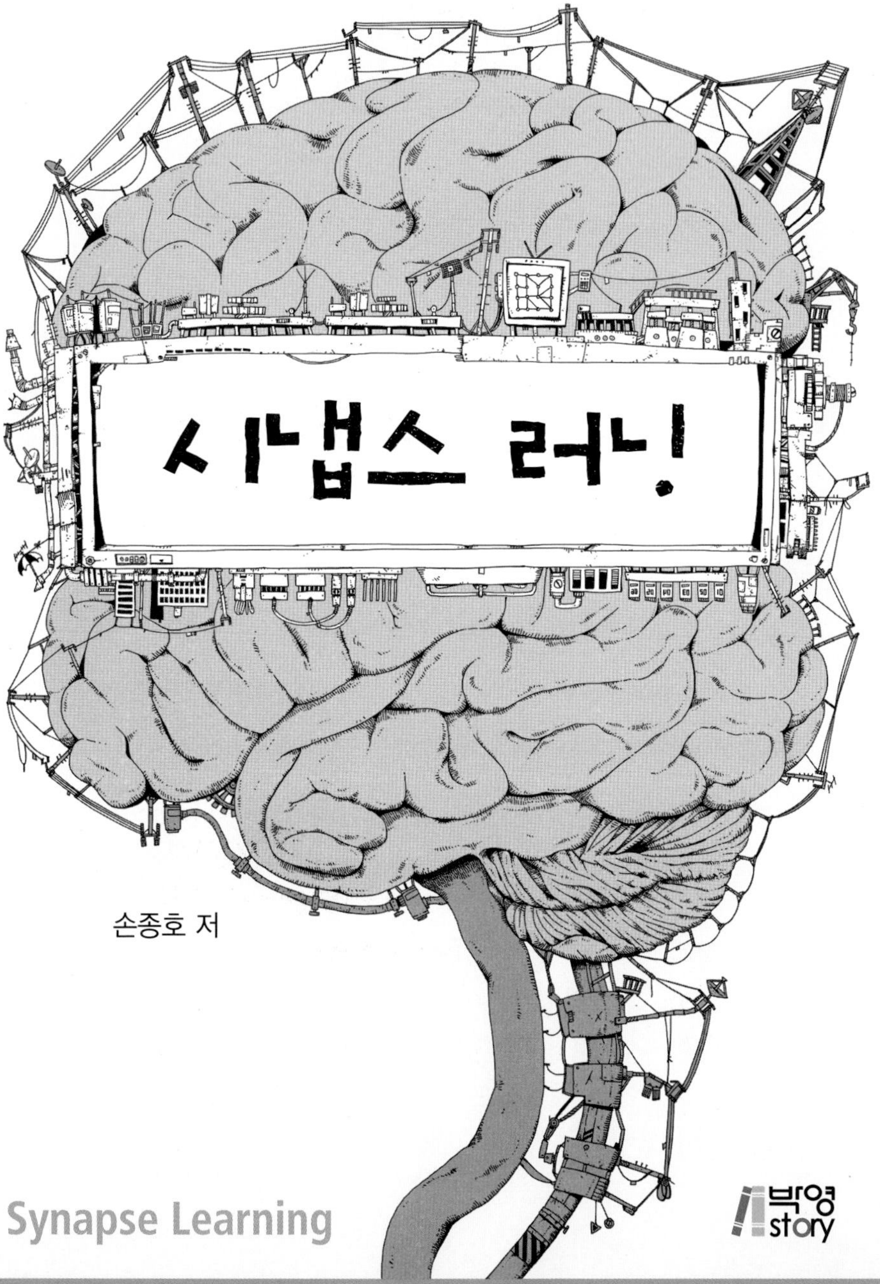

시냅스 러닝!

손종호 저

Synapse Learning

박영story

들어가면서

생명체의 기본단위는 세포이며, 인간의 뇌는 진화의 산물입니다. 뇌의 기본단위는 신경세포인 뉴런(neuron)입니다. 뉴런의 시냅스(synapse)는 하나의 뉴런에서 다른 뉴런으로 신호를 전달하는 연결지점입니다. 모든 동물에게는 세 가지 유형의 뉴런이 있는데 그것은 감각뉴런, 운동뉴런, 중간뉴런입니다. 인간은 1,000억 개의 신경세포인 뉴런을 지니고 있으며 그 신경세포들 각각은 시냅스를 통해 대략 10,000개의 다른 뉴런과 연결되어 있습니다. 따라서 인간의 뇌에는 총 100조 개의 시냅스 연결이 있습니다. 이러한 뉴런들 사이에 형성된 개별 연결을 통해 정보를 교환하는 신경연결망이 기억 저장의 기본단위입니다.

시냅스 러닝은 자기주도적으로 지식을 구조화하는 학습입니다. 즉 인간의 뇌가 시냅스를 통해 기억과 학습이 이루어지는 원리를 이해하고 이렇게 파악한 원리들을 우리의 삶에 적용함으로써 문제해결 능력, 즉 역량(competence)을 키우기 위한 학습방법입니다.

이 책은 3부로 이루어져 있습니다. 제1부는 시냅스 러닝을 이해하기 위한 기본 개념들과 시냅스 러닝의 기초가 되는 학습코칭에 관한 내용입니다. 1장에서는 최근까지 뇌과학에서 발견된 기억과 학습에 대한 연구성과를 소개하고 있습니다. 2장에서는 시냅스 러닝의 개념과 학습원리, 자기주도학습 및 다중지능이론, 학습유형과 관련된 내용을 다루고 있습니다.

제2부는 시냅스 러닝의 실제에 관한 내용입니다. 3장에서는 시냅스 러닝의 출발점이라고 할 수 있는 동기유발에 대해 다루고 있습

니다. 공부를 왜 해야 하는지, 무엇을 위해 공부해야 하는지, 자신의 꿈을 어떻게 이루어야 하는지에 대한 이야기들이 소개되어 있습니다. 4장에서는 시냅스 러닝을 실행하는 방법을 소개하고 있습니다. 학습목표 수립과 공부를 어떻게 해야 하는지, 시냅스 러너(learner)로서 자기주도학습을 어떻게 이끌어 나가야 하는지에 대한 학습방법들을 구체적으로 설명하고 있습니다. 5장에서는 시냅스 러닝을 위한 학습전략을 소개하고 있습니다. 학습전략이 왜 필요한지 학습전략을 어떻게 세워야 하는지, 자신에게 맞는 학습전략이 무엇인지, 포트폴리오가 무엇인지, 포트폴리오를 어떻게 만들어야 하는지를 설명하고 있습니다.

제3부는 시냅스 러닝의 적용 및 평가에 관한 내용입니다. 6장에서는 시냅스 러닝의 이론적 기반인 자기주도학습을 왜, 어떻게 관리해야 하는지, 공부를 위한 중요한 자원인 시간관리가 왜 중요하며, 크로노덱스로 어떻게 시간을 관리해야 하는지를 예시를 들어 자세히 설명하고 있습니다. 부록에서는 시냅스 러닝을 위한 Q&A를 다루고 있습니다. 여기서는 시냅스 러닝의 대상, 효용과 효과 등에 관한 기초적이고 궁금한 내용을 질문과 답변형식으로 정리해 놓았습니다.

이 책을 통해 최근 뇌과학의 연구결과 및 시냅스 러닝 이해로 우리 뇌에서 기억과 학습이 어떻게 이루어지는지, 인간의 뇌는 어떻게 진화했는지, 앞으로 우리의 미래가 어떻게 전개되어 나갈 것인지에 대한 통찰력과 함께 자신의 역량을 키우는 계기가 되기를 바랍니다.

2020년 3월

손종호

목차

제1부
시냅스 러닝과 뇌과학

제2부
시냅스 러닝의 실제

표 목차

그림 목차

제1부

시냅스 러닝과 뇌과학

배움은 자신과 세계를 탐구하는 즐거운 여행이다.

손종호

CHAPTER

1 뇌과학이란?

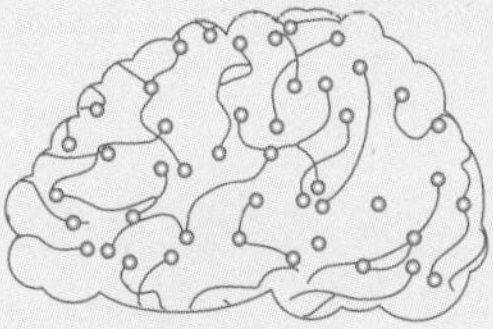

1 뇌와 기억[1]

시냅스 러닝을 위해서는 무엇보다 먼저 뇌에 대한 이해가 필요합니다. 『렉처 사이언스 뇌』[2]에서 김경진 교수는, 우리의 뇌 무게는 약 1.3~1.5kg으로 체중의 2.5%에 불과하지만 이 세상에서 가장 복잡한 물질이라고 표현하고 있습니다.

뇌는 인체 에너지 소비량의 20%를 차지하며 에너지 대사 역시 매우 활발합니다. 심장이 뇌를 포함한 전신에 분당 5L의 혈액을 공급하는데 뇌의 혈류량이 분당 75ml라는 점을 보면 상당히 많은 양의 혈액이 뇌로 가는 것을 알 수 있습니다.

뇌는 뉴런(neuron)이라는 1,000억 개의 신경세포와 100조 개의 시냅스 연결로 이루어져 있습니다. 각각의 세포들은 유전정보의 집합체인 게놈(genime)을 포함하고 있으며, 복잡하지만 효율적인 방식으로 수십억 개의 분자들을 이동시킵니다. 이처럼 세포들이 만들어낸 네트워크는 인간의 언어로는 설명할 수 없을 정도로 복잡합니다.

---

1 출처: 뉴턴 하이라이트(2018). 뇌와 뉴런, 뉴턴프레스

2 강봉균 외(2016). 렉처 사이언스 뇌, 휴머니스트

뉴런과 뉴런은 시냅스로 연결되며 이를 통해 신호를 주고받습니다. 우리는 출생 전후에 폭발적인 시냅스의 형성과정을 겪게 되는데 이 과정에서 뇌가 스스로 회로를 연결합니다. 시냅스의 수는 1~2세 사이에 최고조에 도달합니다. 이 나이대의 시냅스 수는 평균적인 성인의 뇌에 든 시냅스 수보다 절반 정도 많으며, 과잉상태였던 시냅스의 수는 사춘기에 접어드는 15세 전후가 되면 줄어들기 시작합니다. 16세가 되면 약 100조 개로 추정되는 시냅스 연결이 남게 되는데 이 정도가 성인으로서 적절한 시냅스의 개수입니다. 각각의 세포는 마치 하나의 도시처럼 복잡하며, 일반적으로 하나의 뉴런은 10,000개 정도의 주변 세포들과 연결망을 구성하고 있습니다. 뉴런이 수십억 개에 달한다는 점을 고려한다면, 이것은 우리의 뇌 속에 은하계에 존재하는 별의 수만큼 많은 연결이 존재한다는 뜻입니다.

현재 4차 산업혁명의 한 분야인 인공지능(AI: Artficial Intelligence)은 인간의 뇌신경망을 모사한 것으로 이제 스스로 언어를 배우고 새로운 언어를 창조하는 단계에까지 이르렀습니다. 알파고(Alpha Go)는 학습을 통해 체스는 물론 바둑 분야 등에서 부분적이지만 인간의 능력을 뛰어넘는 비약적인 발전을 보이고 있습니다. 이처럼 뇌와 학습은 불가분의 관계에 있습니다. 뇌는 인간의 지식, 사고, 추리, 문제해결과 같은 지적인 정신과정을 비롯한 지각, 언어, 기억, 학습을 포함한 인지 영역과 감정과 기분과 같은 정서 영역을 담당하고 있습니다.

여기서는 1) 뇌의 각 부분 중에서 기억과 학습을 담당하는 기관은 어디인지, 2) 기억은 어떻게 이루어지는지, 3) 학습은 어떤 과정을 통해 이루어지는지, 4) 학습능력을 향상시키기 위해서는 어떤 방법이 필요한지, 5) 지능은 유전되는 것인지 등에 대해 살펴보겠습니다.

1. 뇌와 뉴런

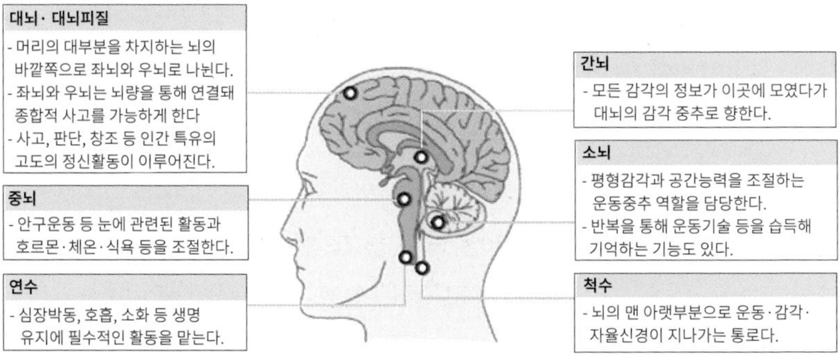

그림 1 뇌의 구조[3]

뇌는 대뇌, 간뇌(시상과 시상하부), 중뇌, 소뇌, 연수로 이루어져 있습니다(그림 1).

대뇌 표면은 두께 2~4mm의 대뇌피질로 덮여져 있으며, 이는 200억 개의 뉴런으로 구성되어 있습니다. 대뇌피질은 지각과 생각, 기억 등의 기능을 수행하는 부위로, 인간과 다른 동물을 구분해주는 곳이기도 합니다. 대뇌 깊숙한 곳에는 대뇌 바닥핵이 있으며 대뇌변연계가 그 바깥쪽을 에워싸고 있습니다. 대뇌변연계의 해마는 학

---

3 출처: 매일경제뉴스(2008.04.09.) https://www.mk.co.kr/news/economy/view/2008/04/205729/

습과 장기기억을 형성하고, 편도체는 희노애락 등의 감정을 관장합니다.

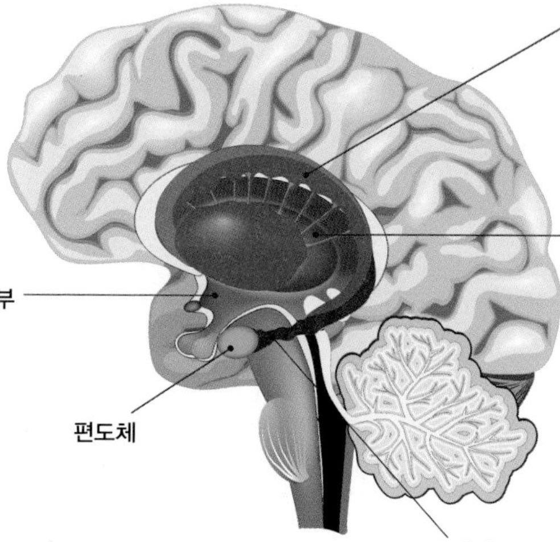

그림 2 대뇌변연계

변연계는 감정을 관장하는 부위의 중심에 있으며 빠른 반응속도를 특징으로 하는 곳으로 인간과 다른 동물의 차이는 없습니다(그림 2).

현재 뉴런에 대한 기본적인 내용은 다음과 같습니다. 뉴런은 세포체와 여기에서 뻗은 수상(가지)돌기 및 축삭(신경)돌기로 구성되어 있습니다. 수상돌기와 축삭돌기는 다른 세포에는 없는 독특한 것입니다. 수상돌기는 다른 뉴런으로부터 신호를 받아들이는 부분이고, 축삭돌기는 다른 뉴런으로 신호를 전달하기 위한 부분입니다(그림 3).

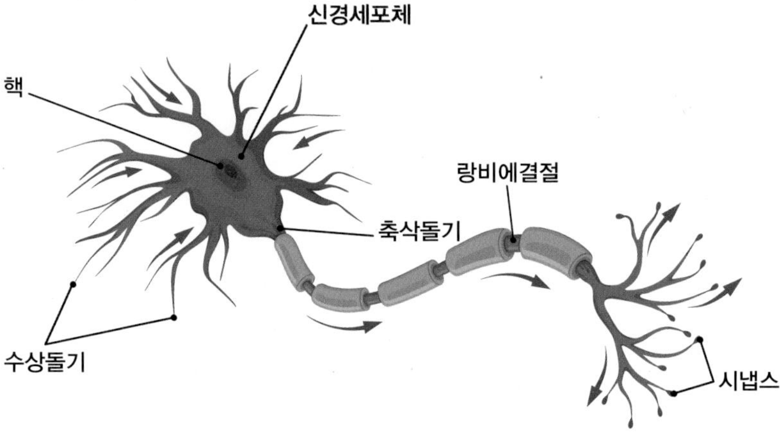

그림 3 뉴런의 구조

뉴런의 수상돌기와 축삭돌기 말단을 '시냅스'라고 하는데 뉴런은 이것을 사용해 다음 뉴런에 신호를 전합니다(그림 4). 뉴런과 뉴런 사이에는 20~40nm[4] 정도의 매우 미세한 틈이 있는데 이 틈을 '시냅스 간극'이라고 합니다. 뉴런과 뉴런 사이의 신호전달방법은 '전기신호 ⇨ 화학신호 ⇨ 전기신호' 형태가 됩니다.

---

4 나노미터: 1nm는 100만분의 1mm

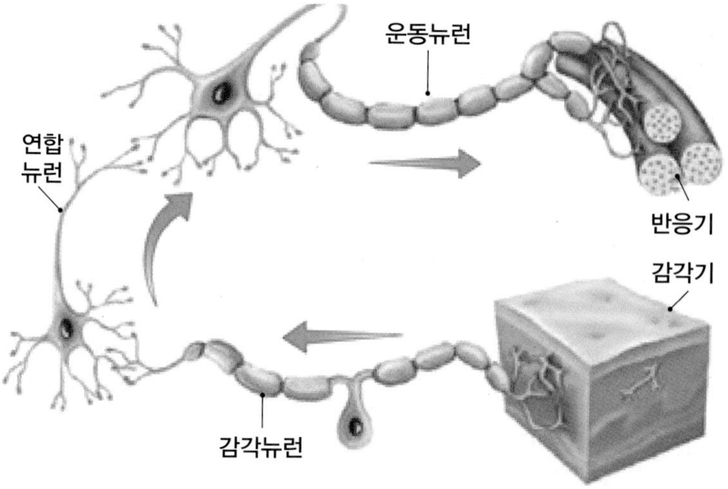

그림 4 뉴런의 신호전달[5]

뇌에 1,000억 개 이상 존재하는 뉴런은 각각 10~100만 개의 시냅스를 가지고 있습니다.

대뇌피질의 140억 개 뉴런에는 평균 10,000개의 시냅스가 있다고 하며, 뉴런은 서로 시냅스로 연결되면서 복잡한 네트워크를 이루고 있습니다. 이 네트워크 안을 전기신호로 전달하면서 뇌의 활동이 이루어집니다. 이처럼 수많은 뉴런들은 복잡하게 연결된 네트워크안에서 무수한 신호를 주고 받으면서 우리의 뇌속을 끊임없이 날아다니고 있습니다. 뉴런은 아무 일도 일어나지 않을 때는 1초에 1~5회 정도의 전기신호를 내보내지만, 흥분하게 되면 발화 빈도가 증가해 1초에 50~100회 정도의 신호를 내보내기 시작합니다. 때로

5 출처: ZUM학습백과, 천재교육; 고등셀파 생명과학1 고 http://study.zum.com/book/13893

는 1초에 500회 이상의 신호가 나오기도 합니다. 이러한 네트워크에 의한 정보처리로 학습을 하거나 기억을 하고 시각과 청각이 작용합니다. 뇌가 소비하는 에너지가 큰 이유는 뉴런의 네트워크가 신호를 끊임없이 주고받기 때문입니다. 뉴런에는 운동뉴런, 감각뉴런, 연합뉴런이 있지만 뇌 등에서 뉴런 사이를 연결하는 '중간 뉴런'이 압도적으로 많습니다.

2. 시냅스(synapse)

기억과 학습은 뉴런의 연결 접속부, 즉 시냅스의 변화로 인해 생기는 결과입니다(그림 5). 1개의 뉴런에는 적어도 10,000개에 이르는 시냅스가 있습니다. 시냅스는 그 수가 늘어나거나 줄어들거나, 또는 접속의 빈도가 강해지거나 약해지는 방식으로 유연하게 변하면서 기억되거나 학습됩니다. 시냅스는 반복해서 사용하면 정보전달이 빨라지고 연결이 강화되며, 사용빈도가 줄어들면 연결이 점점 약해지고 느려지며 점차 소멸됩니다. 따라서 반복과 훈련으로 시냅스를 강화하면 기억력이 향상됩니다.

뉴런의 시냅스는 출생 후 1~3세 전후까지는 급격히 늘어나지만 그 후에는 서서히 줄어들며, 사람에 따라 뉴런의 수와 시냅스의 수는 다릅니다. 시냅스가 줄어드는 현상은 1970년대에 처음으로 보고되었으며, 과잉생산된 시냅스 가운데 불필요한 것이 없어지는 과정이라는 사실이 그 이후 후속 연구를 통해 밝혀졌습니다. 이를테면 뉴런은 우선 넓게 손을 이어 놓고 나중에 불필요한 손을 놓아 제거하는 전략을 취하는 것입니다.

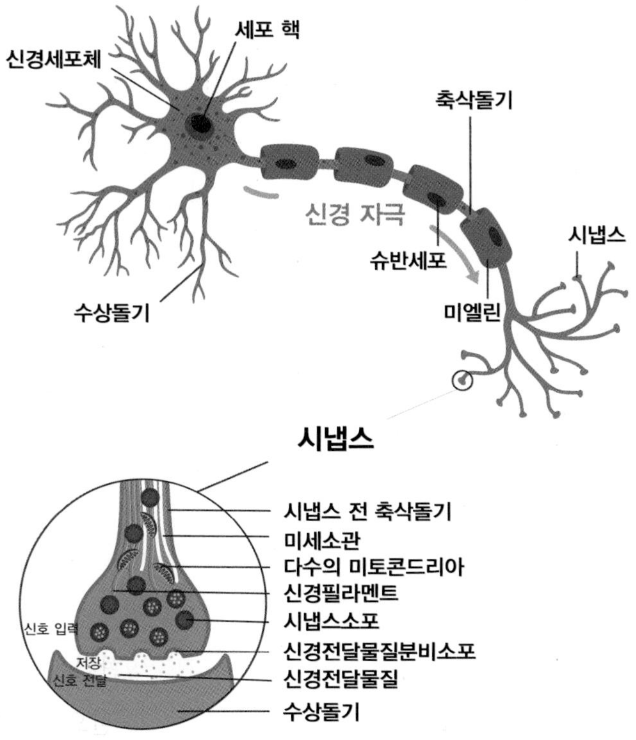

그림 5 시냅스 구조

성장 중 우리의 뇌에서는 뉴런의 연계 방식뿐만 아니라 뉴런 자체의 성질도 교묘하게 변화합니다. 구체적으로 두 가지 변화가 있는데, 그중 하나는 신경전달 물질에 대한 반응의 변화입니다. 이 변화로 뉴런에 여분의 흥분이 일어나지 않게 되고 필요 이상으로 정보가 확대되는 것을 막을 수 있습니다. 또 하나의 변화는 성장에 따라서 사용하는 신경전달 물질이 바뀌는 것입니다. 기억력을 향상시키기 위해서는 기본적으로 뇌를 괴롭히는 일이 중요합니다. 즐겁고 효율적인 학습방법으로 공부한다면 기억하기가 쉽지 않은데 이는 뉴런끼리는 정해진 상대와 연결되어 신경회로를 형성하고 있기 때문입니다. 오히려 힘들고 자신에게 맞지 않는 것 같은 학습방법으로 공부하는 편이 뇌에 부담을 주어 잘 기억할 수 있습니다.

2 기억과 학습

1. 기억의 종류

기억을 만드는 작업은 해마가 담당합니다(그림 6). 그러나 기억에는 종류가 있어서 그 모든 것을 해마가 담당하는 것은 아니라는 사실이 판명되었습니다. 해마가 담당하는 것은 주로 '단기기억'이며, 해마에서는 일평생 뉴런이 생겨납니다. 해마에서 새롭게 생겨난 뉴런은 해마의 신경회로에 연결되어 '장기기억'의 형성에 관여하게 됩니다.

우리의 뇌에서 기억이라는 주된 작업을 맡은 것은 뉴런입니다. 좌우 대뇌반구에는 뉴런과 함께 기억을 만드는 해마가 존재합니다. 여기에는 시각, 청각, 후각, 미각, 피부감각 등의 모든 감각에 관여하는 전기신호가 입력됩니다. 해마는 이 모든 감각에 대한 정보를 조금도 빼놓지 않고 모두 남겨둘(기억) 수 있습니다.

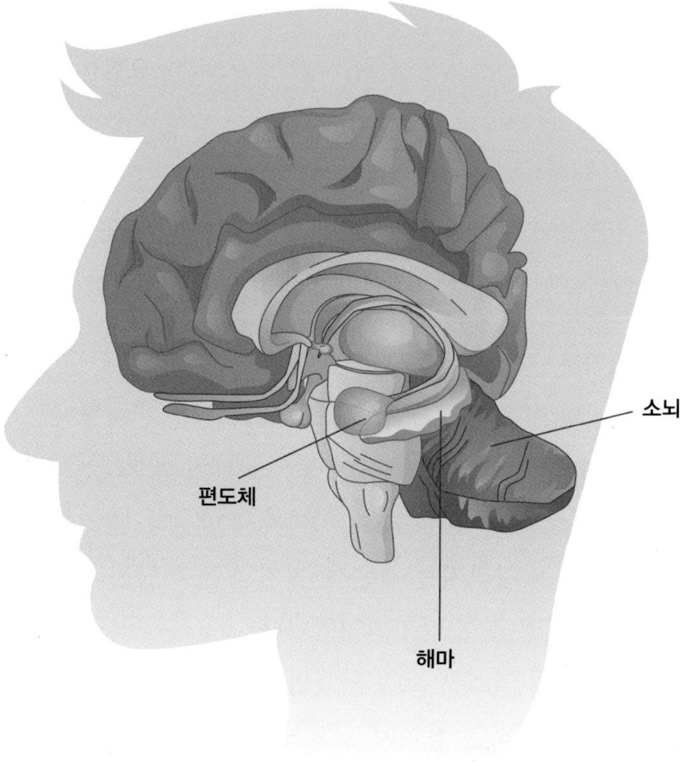

그림 6 해마

(1) 단기기억

기억은 보존되는 시간으로 분류되는데 단기기억은 수십 초 이내로 보존됩니다. 기억에는 시냅스의 변화가 필요하다는 사실이 1965

년에 에릭 캔델(Eric Kandel)의 바다달팽이(군소)연구를 통해 증명[6]되었습니다. 1973년에는 시냅스에서 아주 짧은 시간에 반복된 신호가 보내지면 전달효율이 높아지고 그 상태가 며칠 동안 유지되는 현상이 발견되었습니다. 이처럼 시냅스의 전달효율은 유연하게 바뀌며 변화 후의 상태가 유지됩니다. 『뇌와 뉴런』에서는 이것이 기억을 만드는 메커니즘의 하나로 간주된다고 밝히고 있습니다.

(2) 장기기억

뉴런 사이의 이음새인 시냅스에서 화학물질을 받아들이는 '수용체'가 증가해서 신호전달의 효율이 좋은 상태가 계속되는 메커니즘을 '장기증강'(LTP: Long-term potentiation)[7]이라고 합니다. 장기증강 가운데서도 단시간에 사라지는 것은 '단기기억'에 해당됩니다. 단기기억을 더 안정시킨 것이 장기기억입니다(그림 7). 단기기억의 상태를 장기간 유지하면 기억은 고정될 것입니다. 이때에는 증가한 수용체를 그대로 유지하는 장치가 필요하게 되며 이를 위해 '세포핵'의 힘을 빌립니다. 보내는 신호가 늘어나면 받아들이는 쪽의 뉴런에 칼슘이온이 흘러들어 수용체의 수가 증가합니다. 증가한 칼슘이온은 단백질을 활성화시키며, 이렇게 해서 생긴 단백질은 수용체를 고정하기 위한 부품으로 사용됩니다. 이렇게 되면 신호전달효율이 좋은 상태를 더 장기간 유지합니다. 이것이 장기기억을 유지하는 메커니즘이며, 이 변화에는 수십 분 정도가 필요합니다.

---

6 뉴턴 하이라이트(2018). 뇌와 뉴런, 뉴턴프레스.

7 장기증강(LTP: Long−term potentiation)은 신경과학의 분야에서 신경세포를 동시에 자극하는 것에 의하여 두 신경세포의 신호전달이 지속적으로 향상되는 현상을 말한다.(출처:https://ko.wikipedia.org)

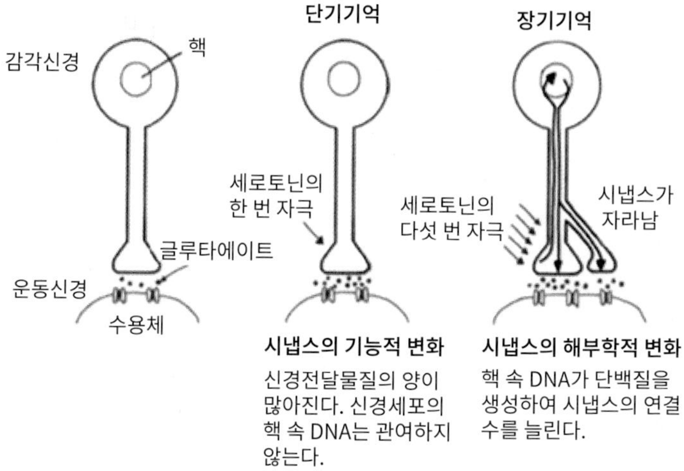

그림 7 장기기억[8]

장기기억에는 다양한 종류가 있습니다. 예를 들어, 흔히 '몸이 기억한다'고 표현되는 자전거 타는 방법이나 골프 스윙 등의 동작은 한 번 기억하면 좀처럼 잊어버리지 않는 것으로 대표적인 장기기억의 한 종류입니다.

(3) 스파인

뉴런의 수상돌기에는 시냅스의 수신 측이 되는 스파인(spine)이라는 작은 돌기가 무수하게 있습니다. 스파인은 뇌의 기억회로에서 신호의 흐름을 조정하는 소자(element)로 여겨집니다. 스파인은 늘어나거나 줄어들거나 커지거나 작아지는 등 시시각각으로 변합니다. 스

8 출처: 단기기억, 장기기억, 그리고 자동기억(2018.1.14.) https://liver1020.tistory.com/1099

파인이 커지면 많은 전기가 그곳을 흐르게 되며, 넓은 도로에 교통이 활발해지는 것과 비슷합니다. 스파인은 기억과 학습에 따라 증가하고 커지며 스파인에 의해 신호의 흐름이 변하는 것이 복잡한 기억과 학습을 가능하게 한다고 여겨집니다.

(4) 해마

새로운 사건의 기억인 '에피소드 기억'은 해마에서 만들어집니다. 뉴런의 전기적 활동상태를 기록한 것이 '뇌파'인데, 뇌파에는 주파수가 서로 다른 '알파파', '베타파', '세타파' 등이 있습니다. 해마나 그 주변에서는 '세타파'가 발생하며 장소세포는 이것과 합쳐져 발화(흥분)타이밍을 조정합니다. 사건은 그것을 경험한 순서(시간)와 장소(공간)가 그대로 기억되어야 합니다. 해마는 어떤 순서(시간)로 어떤 장소(공간)를 이동했는지, 즉 사건의 기억에서 빼놓을 수 없는 시간과 공간의 관계를 조정합니다. 이처럼, 기억과 지식을 통합하는 기능을 가진 해마는 평생에 걸쳐 새로운 뉴런을 만들어 냅니다. 해마에 생긴 기억은 최종적으로는 측두엽 등의 대뇌피질에 고정되어야 하지만, 그 구체적인 메커니즘은 아직 알려져 있지 않습니다.

2. 기억의 상기

그렇다면 우리는 어떻게 기억을 떠올리게 되는 것일까요? 기억을 상기할 때의 단서인 회로가 해마에 남아있고 그 단서에 근거해 대뇌피질로부터 기억의 '부품'이 모이고 그들이 다시 한 번 해마에 들어감으로써 사건이 재현(상기)된다는 가설이 있습니다. 예를 들면, 갓 태어난 자기 아기를 처음 품에 안았을 때의 기억은 어떻게 상기될까요? 아기를 처음 안은 기억은 '젖먹이'나 '분만실' 등의 요소로 성립합니다. 또 젖먹이는 우는 얼굴, 울음 소리, 피부 감촉 등의 요소로 되어있습니다.

기억은 계층적인 구조로 되어있으며, 해마는 이 계층구조의 정점에 자리합니다. 대뇌피질은 이 구조의 최하층에 위치하고 '우는 얼굴'이나 '울음소리' 등의 오감과 직접적인 관계가 깊은 요소가 저장되는 것으로 생각됩니다. 사건의 기억을 상기할 때는 해마에 남겨진 '단서'의 회로에서 해마옆이랑, 다시 대뇌피질로 신호가 내려갑니다. 그리고 대뇌피질에서 '우는 얼굴' 등의 부품이 모이고, 해마옆이랑에서 '젖먹이' 등의 개념이 되어, 최종적으로 해마까지 이어져 '젖먹이를 안은 기억'이 재현되는 것입니다.

기억을 만드는 뉴런 회로의 변화는 단시간에 없어지는 '단기기억'으로 끝나는 경우도 있고, 새로 단백질을 합성해 장기간 유지되는 '장기기억'까지 진행되는 경우도 있습니다. 단기기억을 그대로 방치하면 장기기억까지 진행되지 못하고 결국 사라지게 됩니다. 이것을 막기 위해서는 되풀이 학습을 통해 신호의 입력횟수를 늘리는 일이 중요합니다. 반복 신호를 보냄으로써 단기기억에서 더욱 안정된 장기기억으로 옮기는 것입니다. 그래서 복습이 효과적입니다. 그러나 단기기억으로 끝나는가, 장기기억으로까지 나아가는가를 나누는 스위치가 무엇인지에 대해서는 현재 명확하게 알려져 있지 않습니다.

근육 트레이닝에 의해 근육이 커지는 것처럼 뇌도 학습에 의해 팽창합니다. 도구 사용법을 습득한 원숭이들의 뇌를 분석한 결과, 특정 부위에서 뇌 부피의 팽창을 나타내는 것으로 보이는 신호가 감지되었습니다. 이는 도구의 사용으로 원숭이의 뇌에서 일어난 변화가 인간이 지성을 획득하기 시작했을 때 일어난 뇌의 변화와 비슷할 가능성이 높다는 의미입니다.

3 세포와 유전[9]

1. 생명 활동과 세포

세포는 공통의 기본 구조를 가지고 있습니다(그림 8). 세포에는 다양한 분자가 고농도로 밀집되어 다양한 화학반응을 일으킵니다. 세포는 스스로 에너지를 만들고 그것을 사용해 생명 활동을 하는 까닭에 자신을 보존할 수 있는 것입니다. 단세포 생물의 경우에는 세포 그 자체가 하나의 생명으로 볼 수 있으나 다세포 생명의 경우에는 각각의 세포가 제멋대로 활동해서는 살아갈 수 없습니다. 기능이 전문화된 개별 세포가 자신을 유지하면서도 서로 조화를 이루면서 전체적인 균형을 유지해야 합니다.

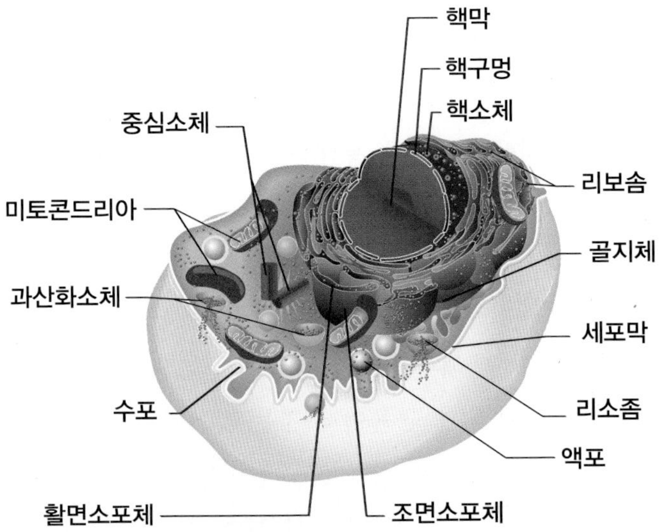

그림 8 동물세포의 구조

9 뉴턴 하이라이트(2018). 세포와 생명, 뉴턴프레스.

인간의 경우 200여 종 이상, 37개 조의 세포가 하나의 개체를 만들어 서로 신호를 주고받으면서 협조합니다. 신호가 되는 물질을 만드는 것은 주로 내분비계, 신경계, 면역계로 분류되는 조직과 기관의 세포들입니다. 세포는 신호가 되는 물질을 (1) 주위에 방출하거나, (2) 혈관 또는 (3) 특수한 연락 부위를 통해 주고받습니다. (4) 뉴런에서는 기다란 신경(축삭)돌기를 통해 멀리 있는 세포에 신호를 보냅니다.

다세포 생물은 개별 세포가 생명 활동을 유지하는 것 외에도 각각의 세포가 서로 영향을 미치면서 균형을 유지해야 비로소 하나의 생명이라고 할 수 있습니다. 이처럼 모든 생명 활동은 세포가 일으키는 화학반응을 겹쳐놓은 결과라고 할 수 있습니다. 세포의 크기는 약 1/100mm에 불과하지만 그것은 거대한 화학 시스템입니다.

2. 세포의 분화

인간의 일생은 난자와 정자가 결합해서 만들어진 수정란에서부터 시작됩니다. 수정이 이루어진 후 2주가 지나면 자궁 내막 속에서 배의 변형 성장이 진행됩니다. 세포에서 장래에 신경(뇌), 눈이나 표피가 될 외배엽과 소장의 벽이나 이자, 간 등이 될 내배엽이 생깁니다. 수정 후 3주가 지나면 장래 근육이나 뼈, 혈관, 피하조직, 심장, 신장(콩팥) 등이 될 중배엽이 생깁니다. 중배엽이 나타남으로써 외배엽, 내배엽, 중배엽의 3개 배엽이 모두 갖추어집니다.[10] 이 수정란은 분열을 반복하는 과정에서 적혈구, 뇌의 뉴런 등 모양과 기능이

---

10 뉴턴하이라이트(2014). 아기의 탄생, 뉴턴프레스.

다른 다양한 세포로 전문화됩니다(그림 9). 이처럼 세포가 전문화되는 과정을 생물학에서는 '분화(differentiation)'라고 합니다. 예를 들면, 어린아이가 무한한 가능성을 가지고 있지만 성장하면서 특히 잘하는 것을 몸에 익히면서 마침내 정해진 직업을 갖게 되는 일과 같습니다.

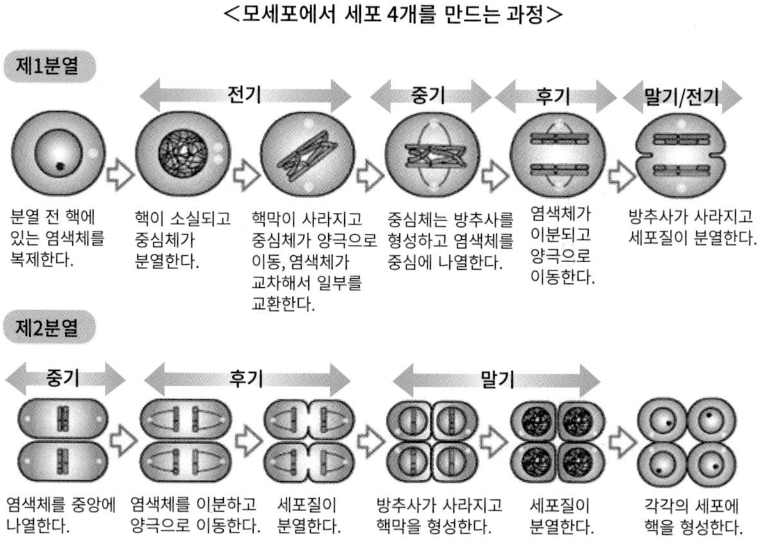

그림 9 세포분열[11]

세포 분화가 일어날 때 일부의 예를 제외하고는 세포의 핵에 있는 유전정보(유전자) 그 자체는 바뀌지 않습니다. 결국 분화한 세포 하나하나에는 그 개체의 모든 세포를 만들 수 있는 유전정보가 들어있습니다. 그럼에도 불구하고 세포가 분화하는 이유는 각

11 출처: 김상현, 생장과 생식(2019.1.20.) https://brunch.co.kr/@rlatkdgus502/175

각의 세포에서 활발하게 작용하는 유전자의 조합이 서로 달라지기 때문입니다. 이런 변화는 핵에서 일어나는 화학적인 변화에 의해 고정되며 되돌릴 수 없습니다. 세포가 가진 DNA를 한 권의 책에 비유하면, 더 이상 읽지 않는 페이지가 딱딱하게 달라붙는 것과 같습니다. 이처럼 일단 피부세포가 되면 새로이 적혈구가 뉴런이 될 수 없고, 다른 세포가 될 가능성을 잃고 자신의 역할에 특화합니다.

다세포 생물에서는 1개의 수정란이 분열을 거듭하며 전문화해가는 '분화'가 일어납니다. 세포의 분화에 따라 각각의 세포에서 작용하는 유전자의 조합이 고정되어갑니다. 어떤 세포로 분화하는지에 관련된 지령은 주로 먼저 분화한 주변의 세포에서 나오며, 세포의 분화와 함께 세포에 작용하는 유전자의 조합이 변하며, 고정되어 갑니다. 이 메커니즘은 DNA라는 한 권의 책에서 더 이상 읽을 필요가 없어진 부분에 대해 '페이지를 열지 못하게 완전히 붙이고 문자를 지우는 것'과 같습니다. 이렇게 고정된 핵의 상태는 세포분열을 거친 다음에도 이어집니다. 이들 현상과 그것을 연구하는 학문을 '후성 유전학(epigenetics)'이라고 합니다.

그렇다면 '언제, 어떤 세포로 분화하는가'라는 세포의 운명은 어디에서 결정될까요? 사실 그 정보는 세포 내부에는 없습니다. 일반적으로는 그 세포를 둘러싼 환경으로부터 지령을 받습니다. 독일의 생물학자 한스 슈페만(Hans Spemann, 1869~1941)은 영원(도롱뇽의 일종)을 사용한 실험을 통해 '배의 어떤 부분이 아직 분화하지 않은 다른 부분에 작용해 특정 분화를 일으킨다'는 사실을 밝혀냈습니다. 생물학에서는 이것을 '유도(induction)'라고 하며, 다른 부분의 분화를 유도시키는 능력을 가진 부분을 '형성체'라고 합니다. 생물의 몸이 만들어질 때는 배의 일부가 형성체가 되고 그 유도에 의해 이웃한 부분이 신경관(뇌의 바탕)이 되며, 다시 신경관이 2차적인 형성체가 되어 그 이웃에 눈의 렌즈를 유도하는 진행이 이루어집니다. 이러한 '유도의 연쇄'가 작용해 우리 몸을 구성하는 37조 개의 세포의 운명이 결정된다고 합니다.

3. 지능과 유전자[12]

사람의 개성이나 능력 일부는 부모로부터의 유전으로 결정된다는 말을 들으면 어차피 유전되는 것이라면 노력을 해도 달라지는 것이 없다고 생각하는 사람이 있을지도 모릅니다. 부모로부터 전해진 유전자의 작용은 평생 변하지 않으며 경험이나 환경의 영향을 받지 않는다는 생각을 하는 사람도 있을 것입니다. 확실히 혈액형이나 눈동자의 색깔 등 부모로부터 물려받는 유전자의 조합으로 전해지는 특징에는 원칙적으로 평생 변하지 않으며 경험이나 환경의 영향을 받지 않는 것이 있습니다. 그러나 한편으로는 유전자의 영향이 환경에 따라 변할 수도 있는데 그 대표적인 예는 일본의 쌍둥이 연구를 통해 알 수 있습니다(표 1).

쌍둥이의 데이터에서는 학력과 유전의 관계가 일부 보입니다. 중학교 1학년의 국어, 수학, 과학, 사회의 4개 교과 가운데 특히 과학과 사회의 성적에 유전의 영향이 강하게 나타나고 있음을 알 수 있습니다. 그와는 대조적으로 국어와 수학 성적에는 유전의 영향은

12 뉴턴하이라이트(2018). 유전과 게놈, 뉴턴프레스.

표 1 일본 쌍둥이 연구

교과 내용	국어	사회	수학	과학
유전의 영향		52.3%		56.1%
공유환경*	64.5%	17.0%	47.7%	
비공유환경**	2.9%	4.7%	10.45%	13.3%
오차	32.6%	25.9%	41.9%	30.5%

* 공유 환경: 쌍둥이가 공유하는 환경(주로 가정과 학교)

** 비공유 환경: 쌍둥이가 공유하지 않는 독자적인 환경

(데이터 제공: 도쿄대학 교육학부 부속중등교육학교 무라이시 유키마사 교사)

거의 보이지 않고 환경의 영향이 큰 것을 알 수 있습니다. 이러한 쌍둥이 데이터는 부모로 받은 유전정보 속에 체격이나 학력을 좌우하는 정보가 포함되어 있음을 나타냅니다.[13] 그러나 이것은 배우지 않아도 본능적으로 수학과 과학의 지식을 알고 있다는 의미가 아닙니다. 그런 문화적 사실들을 몸에 익힐 때 우리의 여러 가지 소질에 유전의 영향이 관계하고 있다가 환경과 접하면서 무언가를 배울 때 저절로 그 소질이 나타나는 측면이 있다는 의미입니다. 이러한 연구를 통해 알 수 있는 것은 '유전의 영향은 고정된 것이 아니며 시간과 함께 변하거나 경험과 환경에 의해 변한다'는 사실입니다.

용모, 운동, 능력, 성격, 지능 등 수많은 유전자가 복잡하게 관계있는 듯한 특징일수록 그 경향은 강한 것 같습니다. 유전적인 소질이 발휘되는지 아닌지는 그 소질에 어울리는 환경에 얼마나 혜택

---

13 뉴턴하이라이트(2014). 아기의 탄생, 뉴턴프레스.

을 받는지에 따라 좌우된다고 할 수 있습니다. 지능테스트(IQ)가 성적에 미치는 유전의 영향은 최대 70% 정도나 됩니다. 이것은 지능에 영향을 주는 유전적인 요소, 즉 지능유전자가 확실히 존재한다는 사실을 보여줍니다. 단 그것은 오직 1개의 지능유전자로 존재하는 것이 아니라, 효과가 적은 하나하나의 지능유전자가 많이 존재하고 있고, 다인자 유전에 의해 지능의 정도가 정해지는 것으로 연구자들은 생각하고 있습니다.

한 연구는 지능이 높은 사람과 그렇지 않은 사람 사이에서 유전자에 차이가 있는지 없는지를 조사하였습니다. 하지만 예상 밖으로 그런 유전자의 차이는 거의 없었습니다. 이어서 수학능력과 유전자의 관계도 조사되었지만 결정적인 차이는 보이지 않았습니다. 하지만 언어능력에 대해서는 흥미 깊은 예가 보고되었습니다. 그렇다면 이 세상에는 머리가 좋은 집안이라는 것이 있을까요? 이 문제에는 가정환경이 크게 영향을 미칩니다. 부모의 지능이 높으면 자식은 어릴 때부터 책으로 둘러싸인 환경에서 자라고 많은 것을 부모로부터 배운다고 보아야 합니다. 애당초 지능테스트는 우수한 어린이를 선발하기 위해 만들어진 것이 아니라 학습성과가 좋지 못한 어린이를 분간하기 위해 고안된 것입니다. 그러나 사람의 기억력을 좌우하는 유전자는 아직 발견되지 않았습니다.

CHAPTER

2 학습 코칭

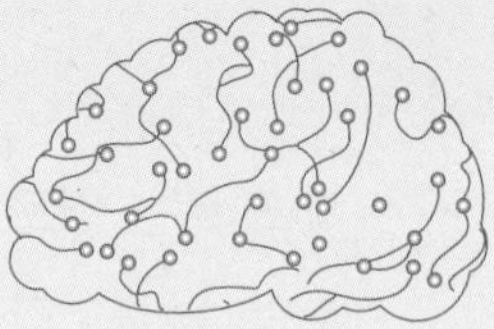

1 시냅스 러닝의 개념과 원리

시냅스 러닝은 뇌의 신경세포인 뉴런의 시냅스에서 기억과 학습이 발생하는 원리에서 출발하여 만들어진 학습방법입니다. 시냅스 러닝의 대표적인 학습원리는 다음과 같습니다.

1. 시냅스 러닝의 학습원리

(1) 뇌는 진화의 산물이다

분자생물학자 프랑수아 자코브(Francois Jacob, 1920~2013)는 '진화는 땜장이다'[14]라고 하였습니다. 이것은 진화가 완벽성이나 혁신과는 거리가 한참 멀다는 것을 의미합니다. 진화는 혁신적인 산물을 처음부터 생산하지 않으며, 현재 사용할 수 있는 것을 바탕으로 작업합니다. 즉 동일한 유전자 집단을 약간씩 다른 방식으로 응용하여 이용하는 방식입니다. 그래서 하나의 시스템을 변형하여 새로운 기능을 부여하거나 여러 시스템을 조합하여 더 복잡한 기능을 만들어냅니다.

자연의 선택과정은 땜장이가 잡동사니를 가지고 땜질하듯이 그냥저냥 작업하는 것과 같습니다. 자신이 무엇을 생산하려 하는지조

---

14 에릭 켄델, 래리 스콰이어(2016). 기억의 비밀, 해나무.

차 모르는 채로 땜장이는 주변에서 발견하는 모든 것, 낡은 판지, 끈 토막, 나뭇조각이나 금속조각을 가지고 필요하거나 쓸모 있는 무언가를 만들어냅니다. 생명체가 진화하는 방식은 어떤 의미에서 이런 작업방식을 닮았습니다. 많은 경우 어떤 장기 계획 없이 땜장이는 우연히 그의 창고에 있는 물건을 집어 들고 그것에 예상 밖의 기능을 부여합니다. 그래서 데이비드 린든(Linden David J, 1961~) 은 '뇌는 과거의 부품 위에 새 부품을 짜 맞춘 정밀한 설계가 아닌 엉성한 설계이며 아주 기묘한 비효율적인 덩어리이다'[15]라고 표현했습니다.

우리의 공부도 마찬가지입니다. 과거의 지식 위에 새롭고 창의적인 것이 나타납니다. 처음에는 무엇을 위해 공부하는지도 잘 모르지만 공부하는 가운데 방향과 목적이 생기게 됩니다. 공부에 대한 흥미와 재미를 느끼기 위해서는 시간이 필요합니다. 진화도 그렇지만 공부도 그렇게 조금씩 나아갑니다. 따라서 규칙적인 생활이 중요합니다. 예를 들면, 매일 일기를 쓰는 것은 자신의 하루를 뒤돌아보고 재점검할 뿐만 아니라 뉴런들을 재활성화시켜 경험을 기억으로 전환하는데 도움이 됩니다. 특히 잠자기 전 하루를 마무리하면서 일기를 쓰면 더욱 효과가 좋습니다.

동물은 움직이기 위해 신경과 뇌를 진화시켰습니다. 이러한 진화의 특징 중 하나는 생명체를 이루는 부품을 모두 바꾸는 것이 아니라 전부터 있던 원래의 부품에 무엇인가 새로운 것을 덧붙여 나가는 것입니다. 뇌는 3층 구조로 나누어집니다(그림 10). 가장 안쪽에 있는 뇌간은 파충류의 뇌라고 하여 파충류 때부터 가지고 온 부분입니다. 뇌간은 뇌에서 대뇌반구와 소뇌를 제외한 나머지 부분을 의미

15 강봉균 외(2016). 렉처 사이언스 뇌, 휴머니스트.

하며 반사적인 운동, 내장 기능 등의 무의식적인 활동의 중추적 역할을 합니다. 뇌의 뇌간에서 포유류는 대뇌의 변연계라는 다른 층이 하나 더 발달되어 있습니다. 대뇌변연계는 포유류에게 공통적으로 존재하는 부위로 뇌간과 함께 소통하며, 감정에 필요한 호르몬, 신경전달물질을 전달하는 역할을 담당합니다. 대뇌변연계에 존재하는 중요한 기관으로는 해마와 편도체가 있습니다. 영장류에 이르게 되면 대뇌피질이라는 다른 층이 여기에 더해집니다. 3층 구조의 가장 위쪽에 있는 대뇌피질은 동물 중에서도 일부 종에게만 발달하며 인간이 대표적입니다. 뇌에서 한 층위에 다른 층의 구조가 덧붙여져 발견되는 것이 뇌가 진화했다는 좋은 예입니다.

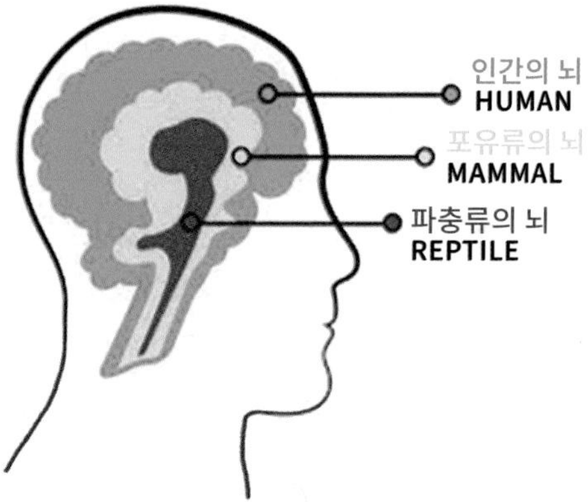

그림 10 뇌의 3층 구조[16]

---

16 폴 맥린의 삼위일체뇌, 뇌의 3층 구조(2017.12.23.) 출처: www.pureaffair.com/triune-brain

학습도 뇌가 진화하는 방식과 마찬가지입니다. 매일 매일의 일상 생활 가운데 거듭되는 반복과 훈련으로 조금씩 더 나은 학습방법을 스스로 깨닫고 시행착오를 거치면서 적용하는 것입니다. '공부에는 왕도가 없다'라는 말이 바로 이러한 의미입니다. 그러나 충분한 휴식을 취해야 합니다. 휴식시간과 잠자는 시간은 뇌가 기억을 굳히는 시간입니다.[17] 뇌가 피곤하지 않도록 자주 휴식을 취하고 충분한 수면을 취해야 합니다. 정기적으로 운동을 하는 것도 좋은 방법입니다. 운동은 뇌의 혈액순환을 도와 해마에 들어있는 뉴런과 시냅스 숫자를 증가시킵니다.

(2) 뇌는 병렬로 연결되며 모듈방식으로 운영된다

아기가 태어나면 신경세포인 뉴런은 빠르게 가지를 뻗어 시냅스를 형성합니다. 태어날 때 대뇌피질의 각 뉴런은 시냅스가 약 2,500개 정도 연결됩니다. 아이가 2~3세가 되면 시냅스의 수는 뉴런 당 15,000개에 달합니다. 이 양은 성인 뇌의 평균 시냅스 수의 약 2배입니다. 그 후 뇌가 감각 정보를 처리하기 시작할 때 이 시냅스들 중 일부는 강화되고 일부는 약화됩니다. 결국 쓰이지 않는 시냅스는 완전히 제거됩니다. 이를 '시냅스 가지치기'라고 하는데 이 과정을 통해 효율적인 신경 연결망만 남게 됩니다.

뇌는 수백만에서 수십억 개의 뉴런들을 연결하여 정보를 분산시켜 표현하고 병렬적인 연결방식으로 처리합니다. 그래서 짧은 시간에 장미나 얼굴이나 의자를 인식합니다. 따라서 뇌는 외부의 정보를 받아 이를 전담하는 부위를 사용하여 정보를 처리하고 또한

---

17 캐서린 러브데이(2016). 나는 뇌입니다, 행성B이오스.

각 부위의 정보를 종합하여 필요한 결론을 출력하는 고도의 병렬 컴퓨터라 할 수 있습니다. 다만 각 부위가 독립적으로 움직이는 것이 아니라 영역 간에 밀접한 결합으로 전체적으로 협력하면서 움직입니다.

이에 반해 컴퓨터가 시각인식 프로그램을 돌리려면 수많은 시간을 투자해서 명령어가 든 프로그램을 설계해야 하고 실험과 시행착오들을 거쳐야 합니다. 뇌는 기억 그 자체를 아무 기준 없이 보관하거나 쌓아놓는 것이 아닙니다. 이것을 기억해내기 위한 실마리를 쌓아놓고 힌트로부터 복원해야 할 정보를 만들어냅니다. 따라서 때로는 틀릴 수도 있고 잘못 기억해 내는 경우 또는 기억해낼 수 없는 경우도 발생합니다. 그렇지만 뇌는 유연합니다. 잘못된 힌트나 부족한 힌트로부터도 답을 찾아낼 수 있기 때문이죠. 다수의 패턴을 겹쳐서 합해 버리기 때문에 내용 전체가 넓게 혼재되어 어떤 기억사항이 어디에 있는지 알 수 없습니다. 그것은 뇌가 기억을 분산시키고 이를 병렬 처리방식으로 운영하기 때문입니다. 따라서 우리가 배운 것을 기억해 낼 때는 실마리와 힌트를 잘 제공해야 합니다. 그 실마리와 힌트를 통해서 기억이 복원되기 때문입니다.

뇌는 신속하게 처리해야 하는 정보처리는 비서술기억(무의식)에 맡깁니다. 공포나 생존을 위한 선택이라는 긴박한 상황에서는 비서술기억을 이용해서 무의식적으로 빠르게 움직이게 합니다. 한편으로 비서술기억으로 처리할 수 없는 복잡한 조건들을 해결하기 위해서 서술기억(의식)이라는 시스템을 만들어 내었습니다. 뇌의 서술기억은 외부에서 주어지는 다수의 정보를 종합하는데서 생겨납니다. 이는 뇌라는 초병렬컴퓨터가 환경에서 살아남고자 하는 필요 때문에 발생하였습니다. 뉴런의 동작 속도는 컴퓨터와 비교하면 대단히 느립니다. 밀리 초(msec) 단위의 속도입니다. 이 느린 장치를 사용하여 빠른 정보처리를 수행하기 위해 병렬시스템으로 운영됩니다.

대뇌피질에서 각 영역이 서로 다른 기능을 담당하는 것을 '기능 국소화'[18]라고 합니다. 가장 뚜렷한 것은 우뇌와 좌뇌의 기능 국소화입니다. 그러나 양쪽 영역은 결코 분리될 수 있는 것이 아니며 우뇌와 좌뇌는 밀접하게 결합되어 일체로 움직이고 있다고 볼 수 있습니다. 이러한 뇌의 처리방식을 뇌의 모듈성[19]이라 합니다. 이러한 뇌의 메커니즘을 학습에 적용하기 위해서는 우리에게 주어지는 정보와 지식을 서로 연결하고 구조화시킨 후 모듈식으로 저장하는 것이 좋습니다. 그것은 마치 컴퓨터의 지정된 곳에 폴더를 만들고 폴더에 맞는 이름을 정한 후 관련된 정보나 지식을 보관하는 것과 같습니다.

뇌는 복잡한 여러 기능을 분산시켜 개별적으로 독립적인 기능을 수행하는 동시에 큰 조직의 일부가 되는 모듈방식으로 구성되어 있습니다. 뇌는 이러한 모듈방식으로 인하여 신경세포망과 신경계가 새로운 정보, 감각자극, 발달, 손상, 기능 이상에 반응하여 각 부분의 구조와 구성을 바꾸는 능력을 가지고 있습니다. 또한 신경망은 모듈성을 가지며 특정한 기능을 수행하고 있지만 특별한 경우 통상적인 기능에서 벗어나 스스로를 재편할 능력을 가지고 있습니다.

식물을 예로 들어보겠습니다. 식물은 포식자의 공격에 무방비로

18 아마리 이치(2017). 뇌, 마음, 인공지능, 홍릉과학출판사.

19 모듈(module)이란 본체에서 분리될 수 있는 작은 부분으로 그 자체로 하나의 독립적인 기능을 수행할 수 있는 단위이다.

노출되는 고착생활의 문제점을 해결하기 위해 모듈성을 선택했습니다. 식물은 반복되는 모듈로 구성되어 있습니다. 식물의 가지, 줄기, 잎, 뿌리는 모두 매우 간단한 모듈의 집합체로 다른 모듈과 독립적으로 몸체에 부착되어 있습니다. 이것은 마치 레고블록과 같습니다.[20] 따라서 식물은 몸의 상당 부분을 잃어도 생명에 지장이 없습니다. 어떤 식물은 몸의 90~95%를 뜯어먹혀도 살아남은 부분에서 줄기와 잎이 돋아나와 원상태를 회복합니다. 따라서 식물은 이러한 모듈방식으로 인해 신체 일부를 잃어도 치명적 손상을 받지 않고 살아나갈 수 있습니다.[21]

그렇다면 왜 뇌는 병렬로 연결되고 모듈방식으로 기억을 분산하고 처리할까요? 그것은 컴퓨터나 기계를 생각해 보면 알 수 있습니다. 컴퓨터나 기계에서는 잘못된 명령어나 부품 하나가 빠지면 컴퓨터나 기계의 작동이 멈추지만 뇌의 경우에는 일부 조직을 제거해도 그 기능에 치명적인 영향을 미치지 않습니다. 뇌에는 수많은 뉴런이 존재합니다. 만약 뉴런이 직렬로 연결된다면 정보를 전달하는 하나의 뉴런에 문제가 생기면 컴퓨터나 기계처럼 작동이 멈추거나 그만큼 처리속도가 늦어질 것입니다. 이뿐만 아니라 에너지도 많이 필요해서 우리는 뇌를 사용하기 위해서 끊임없이 먹고 또 먹어야 할 것입니다. 그래서 뇌는 뉴런의 연결비율을 낮추고 구조화(모듈)를 만들어 개별 구성요소가 기능하지 않거나 실패하더라도 전체의 체계와 기능이 잘 견딜 수 있게 되어있습니다. 뇌 속에 무수하게 많은 각자의 신경망은 상호의존도를 낮추면서 견고함을 높여서

---

20 손종호(2014). 변하지 않는 학교는 공룡이다, 해드림.

21 스테파노 만쿠소(2017). 매혹하는 식물의 뇌, 행성B이오스.

나머지 체계에 영향을 미치지 않고 자신의 기능을 수행하면서 필요시에 기능(습관)을 변화시킵니다. 이렇게 우리 뇌는 고유의 기능을 수행하면서 외부의 요구에 맞춰 적응하거나 진화하는 방식으로 발전해 왔습니다.

이러한 뇌의 모듈방식을 학습에 적용해볼까요? 우리는 생활하는 가운데 수많은 정보와 지식을 접하게 됩니다. 그러한 정보들을 상호연결하고 구조화(모듈)시켜서 기억으로 저장한다면 시험과 같이 정말 필요한 순간에 정보를 인출(회상)하는 것이 매우 쉬워질 것입니다. 그것이 시냅스 러닝의 가장 핵심적인 부분이라 할 수 있습니다. 자세한 내용은 4장의 시냅스 러닝 방법에서 구체적으로 다루겠습니다.

(3) 기억은 뇌의 다양한 구역에 분산 저장된다

기억이 생기려면 우선 학습이 이루어져야 합니다. 학습은 외부 환경에서 주어지는 다양한 정보를 뇌에 받아들이는 과정입니다. 이러한 정보를 잘 저장하고 또 필요할 때 그것을 다시 꺼내는 과정을 기억이라고 합니다.[22] 기억은 앞서 나왔지만 크게 두 종류로 나뉩니다. 하나는 서술기억이고, 다른 하나는 비서술기억입니다. 서술기억이 작동하려면 의식이 있어야 합니다. 서술기억은 기억을 습득하기에는 편리하나 어느 정도 왜곡될 수 있다는 단점이 있습니다. 여기서 추구하는 시냅스 러닝을 위한 학습은 서술기억을 대상으로 합니다. 서술기억을 담당하는 곳은 해마를 포함한 내측두엽입니다. 비서술기억은 의식이 없더라도 무의식적으로 일어날 수 있는 기억

---

22 강봉균 외(2016). 렉처 사이언스 뇌, 휴머니스트.

형태입니다. 암묵기억이라고도 하며, 우리 몸에 밴 습관이나 악기 연주, 운동 기술 같은 것입니다. 고전적 조건화나 정서 기억 등은 무의식 기억에 포함됩니다. 기저핵이나 소뇌 등은 운동 기억을 담당하며, 편도체 등은 정서 기억을 관장합니다.

기억은 유지되는 시간에 따라 세 가지로 나뉩니다. 첫째, 작동기억은 몇 초만 유지되는 기억입니다. 마음속에 떠오르는 상념 같은 것이 여기에 해당됩니다. 둘째, 단기기억은 몇 분에서 몇 시간 정도 유지되는 기억입니다. 매우 극소수의 특별한 기억만이 장기기억으로 넘어갑니다. 마지막으로 장기기억은 우리의 생존과 관련된 정보들입니다. 예를 들면, 먹이와 관련된 것, 번식과 관련된 것처럼 생물체로서 꼭 지켜야 하는 중요한 정보들입니다. 그래서 생명이 위험한 상황이나 첫눈에 반한 사람에 대한 기억은 평생 가게 됩니다.

그렇다면 공부는 어떨까요? 뇌의 입장에서 시험을 잘 치르는 것은 생존과 무관한 것으로 취급됩니다. 그러므로 공부를 잘하려면 여러 차례 반복하는 수밖에는 없습니다. 이것을 뇌과학 용어로 이야기해 볼까요? 단기기억을 장기기억으로 변화시키려면 '경화(consolidation)' 과정이 일어나야 합니다. 즉 기억이 딱딱하게 굳어지는 과정입니다. 운동을 많이 하면 근육이 커지는 것과 마찬가지로 장기기억을 위해 여러 차례 반복하면 시냅스 구조가 커지게 됩니다. 이때 단백질 합성을 못하게 되면 시냅스가 커지지 못해서 시냅스에 기억이 저장되지 못하고 장기기억으로 이어지지 않습니다.

그렇다면 시냅스와 기억은 무슨 관계일까요? 간단한 기억이라 해도 기억은 우리 뇌에 분산되어 있는 시냅스에 저장됩니다. 나중에 그 기억을 회상할 때는 이 분산된 시냅스를 다시 불러모아야 합니다. 그래서 지각과정에서는 이런 정보의 분해작용이 일어납니다. 다음에 그 내용을 인출할 때는 저장된 시냅스를 다시 불러모아서 조립합니다. 그것이 기억이 저장되고 회상하는 원리입니다. 기억을 회상(인출)하는 것은 기억을 재구성하는 작업이며 과거의 재생이 아닙니다. 기억의 회상 활동은 정보를 되새길 기회를 제공하므로 기억을 향상시킵니다. 기억은 가용한 조각들을 모아 일관된 전체를 구성하면서 의미를 추출하는 방식으로 작동합니다.

기억이 저장되기 위해서는 우리 뇌의 여러 부분이 관여하고 여러 곳에 분산되므로 기억할 정보를 저장할 때 다양한 학습방법을 이용하는 것이 좋습니다. 여러 가지 학습방법을 동원할수록 기억도 그만큼 잘됩니다. 예를 들면, 장소와 정보를 연관지어서 암기한다면 기억의 회상(인출)이 더욱 효과적일 수 있습니다. 이러한 학습방법의 좋은 예가 4장 학습방법에서 나오는 내부적 연계와 외부적 연계를 이용하는 것입니다. 이에 대한 자세한 내용은 4장에서 설명하겠습니다.

(4) 장기기억으로 변하면 구조가 바뀐다

시냅스는 신경전달이 일어나는 장소이며 뉴런(신경세포)과 뉴런이 서로 통신할 때 사용하는 접합부입니다. 뇌의 모든 정보는 시냅스 간의 접합을 통해 전달됩니다. 일부 뉴런이 죽어도 뇌 전체의 작동이 정지하는 일은 없습니다. 그런 경우에는 살아남은 뉴런끼리 새로운 시냅스를 만들어 정보를 전달하거나 혹은 평소 별로 사용하지 않던 회로망을 사용하기도 합니다. 이처럼 생명체는 뇌의 높은 유연성으로 인해 여러 가지 어려운 상황에 대응하면서 살아갈 수 있습니다. 이것을 '뇌의 가소성'이라고 합니다. 이렇게 하나의 정보가 뇌 전체에 순간적으로 전해지고 가소성이 발휘될 수 있는 것은 모두 뉴런 간의 고정적 연결이 아닌 시냅스 접합에 의한 연결로 네트워크를 형성하고 있기 때문입니다.

19세기 말 스페인의 신경조직학자 산티아고 라몬 이 카할(Santiago Ramon Y Cajal)은 놀라운 통찰력으로 '시냅스 가소성' 가설로 불리는 견해를 내놓았습니다. 이 가설에 따르면 시냅스 연결의 세기는 고정적이지 않고 가변적이며 신경활동에 의해 수정될 수 있습니다. 그는 더 나아가 학습은 시냅스의 가변성, 즉 강화 가능성 덕분에 가능한 현상일 수 있다고 주장했습니다. 학습은 새로운 시냅스 수상돌기들의 성장을 일으킴으로써 시냅스 연결의 강도를 통해 장기적 변화를 만들고 이러한 변화의 존속이 기억의 메커니즘일 수 있다는 것입니다.

이와 함께 캐나다 맥길대학교의 도널드 헵(Donald Olding Hebb)은 시냅스가 학습된 연결에 의해 강화된다고 주장했습니다. 이러한 강화는 서로 연결된 2개의 세포가 동시에 흥분할 때 일어나며 시냅스 전세포에서의 활동이 시냅스 후세포에서의 활동(점화)을 일으킬 때 이 동시적인 활동이 시냅스의 강화를 가져온다고 주장했습니다.

카할의 시냅스 가소성 가설과 함께 독일의 심리학자 헤르만 에빙하우스(Hermann Ebbinghaus)[23]는 기억의 강도에 차이가 있다는 점과 단기기억을 장기기억으로 변환하려면 반복이 필요하다는 점을 발견했습니다. 에빙하우스는 단기기억의 세 가지 특징을 다음과 같이 이야기합니다. 1) 단기기억은 일시적이다. 2) 단기기억은 해부학적 변화의 유지를 요구하지 않는다. 3) 단기기억은 새 단백질 합성을

---

23 출처: 에빙하우스의 망각곡선(출처: http://amgibang.com/sub/amgi_theory.html)

요구하지 않는다. 그러나 장기기억은 구조적 변화에 의해 안정화되며, 이 변화는 새 단백질을 합성을 요구한다. 그 내용을 그림으로 나타내면 그림 11과 같습니다.

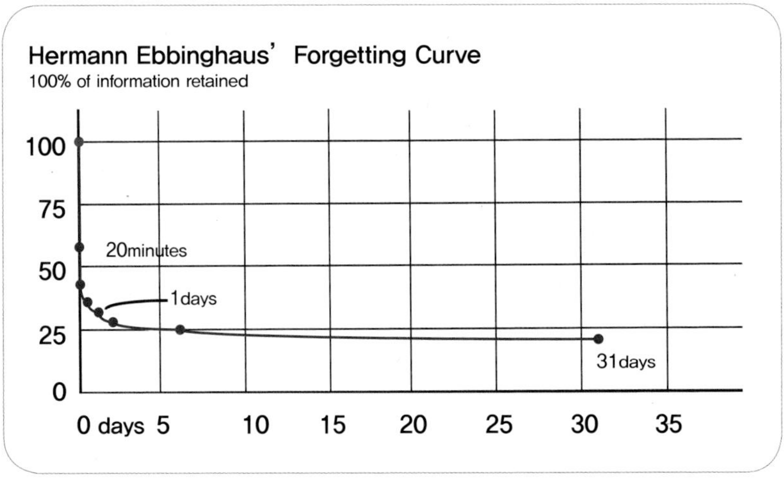

그림 11 에빙하우스의 망각곡선[24]

기존에는 뉴런의 성장은 태아 발생 초기부터 신생아 때까지 증가하다가 2세 정도가 되면 세포증식이 멈춘다고 하였습니다. 그러나 최근 연구에 따르면, 청소년의 뇌는 지속적으로 발생 과정에 있으며 사춘기에도 뉴런의 가지치기 등 신경망이 성숙되는 과정을 동반한다는 사실이 드러났습니다.[25] 단기기억에서 장기기억으로의 변

---

24 출처: Learn More, Study Less(2018.10.24.) https://supernotes.app/blog/posts/learn–more–study–less/

25 김경진(2016). 렉처 사이언스 뇌, 휴머니스트

환은 과정에 기초한 기억에서 구조에 기초한 기억으로의 변환이라고 할 수 있습니다.

단기기억을 장기기억으로 변환하기 위해서는 의식적인 노력이 필요합니다. 공부환경을 집이나 학교에서 도서관, 독서실, 카페로 바꾸기도 하고, 정보를 억지로 외우고, 다른 사물과 의식적으로 연관시키는 연계기법을 활용하는 것 등이 모두 시냅스에 자극을 주어 장기기억으로 변환시키기 위한 효과적인 방법입니다. 뇌는 산만해지지 않고 대상에 모든 관심을 쏟아부을 때 훨씬 잘 배웁니다. 따라서 공부하는 대상에 집중하고 몰입해야 합니다. 훈련은 완벽을 낳습니다. 공부하는 대상에 대해 자주 실천하고 말하고 들을수록 뇌 속의 시냅스 연결이 강해집니다. 장기기억은 연습에 따른 강화의 결과이므로, 단기기억을 장기기억으로 바꾸려면 반복이 필요하고, 완벽해지려면 연습이 필요합니다.

2. 시냅스 러닝과 자기주도학습

앞서 시냅스 러닝의 학습원리 중 하나가 '뇌는 진화의 산물'이라고 하였습니다. 몇만 년 전 인간이 추위와 어둠, 공룡과 같은 포식자들로 둘러싸인 가혹한 환경에서 살아남기 위해서는 무엇이 필요했을까요? 날카로운 이빨, 튼튼한 손과 발, 강인한 체력도 선택사항 중의 하나였을 것입니다. 그러나 인간은 가장 효과적인 생존전략으로 뇌를 선택했습니다. 그것은 누구의 가르침에 의한 것이 아니라 환경에 적응하는 과정에서 필요에 따라 발달한 것입니다.

학습도 마찬가지입니다. 아이가 태어나서 누구의 가르침도 없이 스스로 두 발로 일어서고 언어를 배우는 것과 같이 거듭된 실패와 수많은 시행착오 속에 학습이 이루어집니다. 따라서 시냅스 러닝을 우리 삶과 생활에 행동으로 적용하기 위해서는 자기주도학습(Self-Directive Leaning)을 이해해야 합니다. 시냅스 러닝의 핵심원리 중 하나가 자기주도학습이기 때문입니다. 그렇다면 자기주도학습이란 의미에 대해서 함께 알아볼까요?

자기주도학습이란 '학습자가 자신의 학습목표를 달성하기 위해서 자신만의 방식과 속도로 배우고 스스로를 평가하는 학습'입니다. 무슨 말인지 이해가 되나요? 쉽게 예를 들어보겠습니다. 여러분은 지금까지 공부를 하면서 혹시 그런 기억은 없었나요? 수학이나 과학의 어려운 문제를 푸는 방법이 이해가 되지 않아서 아무리 해결방법을 생각해도 실마리가 풀리지 않아 끙끙 앓았던 기억 말입니다. 그래서 어떤 경우에는 문제에 대해 물어볼 선생님이 없다거나 때로는 시간이 없거나 귀찮아서 문제풀이를 포기해버리거나 잊어버리기도 했던 기억 말입니다. 그러나 포기하지 않고 문제풀이에 집중한 어느 순간 한 줄기 섬광처럼 갑자기 그 문제의 해결책이 떠오르는 경우는 없었나요? 그런 기쁨의 순간은 스스로 탄성을 지르게 하고 웃음 짓게 하며 자신에게 특별한 즐거움을 선사합니다. 왜냐하면 그렇게 어려운 문제를 누구의 도움도 받지 않고 스스로의 힘으로 풀었으니까요. 이것이 바로 자기주도학습입니다. 만약 공부를 하는 과정에서 어려움이 닥칠 때도 포기하지 않고 스스로 깨우치는 기쁨의 과정과 순간들이 계속 된다면 어떻게 될까요? 이런 학생은 조금씩 자신의 능력을 믿고 존중할 것이며 독립적이고 자율적인 존재로 성장하게 될 것입니다.

저자는 '공부를 왜 해야 하는가' 그리고 '공부를 해야 한다면 어떻게 해야 하는가'에 대해서 진지하게 고민했던 적이 있습니다. 1980년 대학입시에 실패하고 나서였죠. 그러나 사실 그것은 고등학교 졸업까지 삶의 목적과 방향 없이 방황했던 당연한 결과였습니다. 그렇지만 낙방은 큰 충격이었습니다. 대학입시결과가 발표난 후 며칠간 방에 틀어박혀 고민했습니다. 대학을 가야할 것인지 아니면 대학을 포기하고 다른 길을 찾을 것인지에 대해서 말이죠. 그래서 지금으로 치면 SWOT분석[26]을 시도했습니다. 대학에 진학할 경우와 그렇게 하지 않을 경우의 장단점을 분석했습니다. 그래서 내린 결론은 공부가 나의 적성에 맞는지 맞지 않는지 몸으로 한 번 부딪혀보는 것이었습니다.

그래서 대학입시에 낙방한 재수생들이 재도전을 하기 위한 일반적인 선택방법이었던 전일제 학원에 등록하면서 고등학교 4학년 생활을 시작하였습니다. 그러나 스스로 공부하는 훈련이 되어 있지 않은 탓인지 기초가 부족한 탓인지 그해 7월까지는 모의고사 성적이 제자리걸음이었습니다. 아니 오히려 뒷걸음을 치더군요. 일종의 슬럼프였다고나 할까요? 재수생활을 시작한지 6개월이 지나고 무더운 여름이 찾아오면서 조금씩 지쳐가기 시작했습니다. 아침부터 밤늦게까지 열심히 공부하는데도 성적이 조금도 오르지 않았으니 당연한 일이겠죠. 사실 어떻게 보면 고등학교 때까지 공부를 해본 적이 없어서 학문의 기초가 전혀 없는 상황에서 공부를 시작하자마자 성적이 오를 것이라는 기대를 가진 것부터가 잘못된 생각이었습니다. 아마 8월이 고비였던 것 같습니다. 11월 중순에 예

---

26 SWOT 분석이란 강점(Strength), 약점(Weakness), 기회(Opportunity), 위협(Threat)의 머리글자를 모아 만든 단어로 경영 전략을 수립하기 위한 분석 도구이다.

비고사(오늘날의 대학수학능력시험)가 치러지니 시험이 고작 4개월 정도 밖에 남지 않은 순간까지 성적이 제자리걸음이었으니 얼마나 답답했을까요? '내가 여기서 뭘 하고 있는거야, 나는 안되는가봐', '그만 포기해 버릴까'하는 생각이 몇 번이나 들었는지 모릅니다. 그런 충동과 스트레스의 순간들이 생길 때마다 '먼 훗날 이 때를 돌이켜보면서 후회하지 않을 수 있도록 올 한해만 최선을 다하자'는 마음으로 버텼습니다.

그런데 9월부터 모의고사 성적이 오르기 시작했습니다. 제가 봐도 놀랄 정도로 성적이 가파르게 올라가기 시작했습니다. 조금씩 자신감이 붙기 시작했습니다. 그해 예비고사는 난이도가 어려웠습니다. 예비고사를 치른 후 성적표를 확인하니 예비고사 점수로는 연세대, 고려대 문과계열에 지원할 성적이 되었습니다. 그런데 내신등급이 제 발목을 잡았습니다. 내신등급이 전체 9등급 중 8등급이었습니다. 쉽게 말하면 꼴찌 다음이었습니다. 그러나 삼수를 하기는 싫어서 경북대학교에 입학원서를 내었습니다. 그렇게 재수를 한 후 대학에 입학하고 졸업했습니다. 대학을 졸업하고 교사가 된 후 많은 학생들이 교실에서 저에게 묻습니다. "공부를 왜 해야 하나요?" 또는 "공부를 해야 한다면 어떻게 해야 하나요?"

고등학교 교사로 5년간 근무하다 공부가 더하고 싶어 미국에 갔습니다. 인간이 참 간사하다는 말은 맞는 것 같습니다. 하고 싶은 공부를 위해 미국에 갔지만 학생들을 가르칠 때가 그리워졌습니다. 미국에서 교육행정학을 전공하고 돌아와 다시 교사가 되었습니다. 그리고 매 년 첫 수업은 학생들에게 '공부를 왜 해야 하는가?'라는 질문으로 시작합니다. 중 · 고등학교 새내기들은 초롱초롱 한 눈망울과

또랑또랑한 목소리로 공부에 대한 자신의 생각을 발표합니다. 그러나 이런 학생들이 한 학기가 지나고 학년이 바뀌면 질문도 하지 않고 반응도 줄어듭니다. 공부에 지치거나 포기하거나 체념한 것이죠.

우리나라에서 교사가 되려면 교육대학교나 사범대학을 졸업해야 합니다. 아니면 대학에서 교직과목을 이수해서 교사자격증을 취득해야 합니다. 그리고 '고시'라고도 불리는 교사임용시험에 합격해야 하죠. 저는 대학에서 10여 년간 교직강의와 교생실습지도를 하였습니다. 이때 예비교사들에게 학교현장에 대해서 무엇이 궁금한가에 대해 질문해 보았습니다. 예비교사들은 "학생들을 어떻게 하면 잘 가르칠 수 있나요?", "학생이 교실에서 무례한 행동을 할 때 어떻게 지도해야 하나요?", "담임으로서 학생의 가정환경문제에 어느 정도까지 관여해야 하나요?" 등과 같은 현실적인 질문을 많이 하였습니다. 그러나 그러한 문제를 다루고 알려주는 교수나 교직과목은 없었습니다. 마찬가지로 학생들은 학교에서 교과목에 대한 지식을 습득하고 시험으로 평가받습니다. 그러나 공부의 목적과 학습방법, 자신의 건강상태를 유지 · 관리하는 방법에 대한 내용은 가르치지 않습니다.

저는 한국에서 초 · 중 · 고등학교를 마치고 대학과 대학원에서는 한국사를 전공하였습니다. 그리고 미국에서 교육행정을 전공하면서 많은 교사들과 교수들을 만났습니다. 그러나 공부의 목적과 공부하는 방법, 성적유지와 관리에 대한 수업내용은 지극히 단편적이었습니다. 다행히 공부를 마친 후 교사로서 학생들과 수업을 통해 계속 접촉하게 되면서 자연스레 자기주도적으로 공부하는 방법에 관하여 정리할 수 있는 기회를 가지게 되었습니다.

3. 자기주도학습의 개념

자기주도학습(Self-Directive Learning)이란 개념의 성립에는 보스턴대학 교수였던 말콤 노울즈(Malcolm S. Knowles)[27]의 노력과 영향이 크다고 할 수 있습니다. 노울즈는 성인들이 학습하는 방식을 연구하면서 성인들의 학습방식이 전통적인 교사가 주도적으로 가르치는 학습과는 많이 다르다는 것을 발견했습니다. 즉 성인들은 배우고자 하는 내용, 배우는 시기와 방법 등을 자기주도적으로 통제 · 관리한다는 사실을 발견하였습니다. 그래서 노울즈는 오늘날 미국에서 성인교육운동의 중요성을 처음으로 제시하였으며, 성인교육(adult education), 안드라고지(andragogy)[28]에 대한 포괄적인 개념을 처음으로 제시한 교육자로 알려져 있습니다.

노울즈는 자기주도학습을 '학습자가 주도적으로 자신의 학습욕구를 진단하고 학습목표를 정하며, 학습에 필요한 인적 · 물적 자원을 탐색하고 적절한 학습전략을 선택 · 시행하고 이를 적용하며 학습결과를 평가하는 과정'이라고 정의하였습니다. 즉 전체적인 학습과정을 학습자 스스로 자발적으로 이끌어가는 학습이 자기주도학습이라고 보았습니다. 이러한 자기주도학습은 '무엇을 배울 것인가' 하는 학습내용보다는 '어떻게 배울 것인가' 하는 학습방법에 초점을 맞추고 있습니다.

노울즈는 자기주도학습을 해야 하는 3가지 이유를 다음과 같이

---

27 Knowles, M. S. (1975). Self-directed learning: A guide for learners and teachers. Englewood Cliffs: Prentice Hall/Cambridge.

28 노울즈에 의하면 안드라고지는 '성인들이 잘 배울 수 있도록 돕는, 자기주도학습을 잘할 수 있도록 촉진하는 기술이자 학문'이란 의미이다.

제시합니다. 첫 번째 이유는 학습자는 자신이 배우고자 원하는 내용들을 교사들의 수동적인 가르침으로 배우는 것보다 자기주도학습을 통해 더 효과적으로 배울 수 있기 때문이라는 것입니다. 두 번째 이유로, 자기주도학습은 심리적 발전의 자연적 과정이기 때문이라는 것입니다. 즉 학습자가 자신의 삶을 자기주도적으로 향상시키기 위한 책임을 가지고 능력을 발전시키는 것이 성숙의 본질적 측면이라는 것입니다. 세 번째 이유는 교육이 발전하기 위해서는 학습자가 자신의 학습동기를 이끌어 낼 수 있도록 자신에게 책임감을 부여해야 하기 때문이라는 것입니다. 노울즈는 '자기주도학습에 대한 탐구 없이 학교에 다니는 학생들은 걱정, 좌절, 그리고 실패를 경험할 확률이 높고 그들을 가르치는 교사도 마찬가지이다'라고 하고 있습니다.

이러한 노울즈의 자기주도학습 개념으로 인해 학습자는 교사의 가르침에 따라 학습할 뿐이라는 수동적 존재라는 인식에서 벗어나는 계기가 되었습니다. 즉 학습자는 교사의 가르침에 의존하지 않고도 학습을 자기주도적으로 이끌어내어 원하는 결과를 얻을 수 있다고 하는 적극적인 존재로 파악되었습니다. 또한 이전까지는 학습자의 선행경험보다는 교사의 교육내용이 더 중요한 학습자원으로 간주되었습니다. 그러나 자기주도학습이란 개념을 통해서 학습자의 경험도 학습에 활용되어야 할 중요한 학습자원으로 인식하게 되었습니다.

학습자의 자기주도학습을 통한 학습경험이 왜 중요한지 생각해 볼까요? 그것은 학습자의 깨달음을 통한 기쁨의 순간에 느끼는 감정이 매우 강력하기 때문입니다. 오죽하면 아르키메데스[29]가 왕관에 섞인 금과 은의 비율을 어떻게 알아낼지 고심하던 중 목욕을 위

---

29 그리스의 수학자, 과학자, 철학자

해 욕조에 들어가서 물이 넘치는 것을 보고 비중의 개념을 깨달아 '유레카(깨달았다)'라고 외치면서 벌거벗은 알몸으로 목욕탕을 뛰어나갔을까요? 그 기쁨은 흡연, 음주, 게임 등을 통한 기쁨과는 비교할 수가 없습니다. 왜냐하면 흡연, 음주, 게임을 통한 기쁨과 즐거움은 그것을 하는 과정, 그때의 순간적인 몰입을 통한 기쁨이라고 할 수 있습니다. 그 순간이 지나면 후회와 좌절만 남습니다. 그러한 후회와 좌절을 잊기 위해서 다시 흡연, 음주, 게임에 몰두하게 되고 그것이 중독으로 발전하게 되는 것입니다. 그러나 깨달음을 통한 기쁨과 즐거움은 장기적이며 지속적입니다. 공부의 즐거움을 깨닫게 되면 평생을 그 즐거움에 몰입하게 됩니다. 중독에 따른 해악도 없습니다. 어떤 경우에는 그러한 수고와 노력에 대한 조그마한(?) 대가로 노벨상도 타게 되는 것이죠. 믿기지 않는다면 누구라도 좋습니다. 노벨상 수상자의 이력을 살펴보세요. 평생을 하나의 분야에 몰입한 분들입니다. 자기가 연구한 그 분야에서 평생을 실패하고 좌절하면서 포기하지 않고 자기주도학습을 이끌어간 분들이라고 할 수 있습니다. 공자는 그것을 일이관지(一以貫之)라고 하였습니다. 하나로써 이치를 꿰뚫었다는 말이죠.

4. 시냅스 러닝의 조건

시냅스 러닝의 핵심원리인 자기주도학습은 학습자가 자기만의 방식과 속도로 배우고 평가하는 학습방법입니다. 따라서 스스로 학습동기를 유발하고 학습목표를 세우며 적절한 학습전략을 선택하고 학습결과를 평가해야 합니다. 이러한 자기주도학습 방법과 능력은 마음만 먹는다고 해서 저절로 이루어지는 것이 아닙니다. 자기주도학습이 숙달되고 익혀질 때까지는 많은 노력과 훈련, 그리고 연습이 필요합니다. 따라서 처음부터 학습자 혼자 스스로 이를 실행하기에는 무리가 있습니다. 특히 연령이 낮거나 자기 통제력이 부족하거나 의지가 약할 경우 자기주도학습을 하나의 습관으로 만드는 것은 쉽지 않습니다.

자기주도학습을 위해서는 첫째로 학습을 위한 내적 동기와 분명한 학습목표가 필요합니다. 학습은 높은 사고과정이 요구되는 복잡한 활동입니다. 학습자가 학습욕구를 불러일으키기 위해서는 '왜 배우고자 하는지'에 대한 내적 동기가 요구되며, 이러한 내적 동기가 분명해야 자연스럽게 학습목표로 연결될 수 있습니다. 학습자의 내적 동기는 자신의 능력에 대한 자신감, 기존 지식과의 연결성, 학습에 대한 자주성에 의해 강화됩니다. 그러나 학습자가 학습대상에 대한 관심이 낮거나 열의가 없거나 자신에 대한 정체성이 형성되는 과정에 있는 경우에는 학습자의 열의를 끌어올리고 관심을 발전시키기 위해서는 학습코치가 필요하며 그 역할이 매우 중요합니다. 즉 개별 학습자가 가지고 있는 능력과 학습동기가 다르기 때문에 학습자가 자신에게 주어진 문제를 스스로 해결하고 이러한 학습에 대한 성공적인 체험을 지속적으로 유지하기 위해서는 학습코치의 도움이 필요한 것입니다. 학습코치는 학습자 개개인의 능력과 상황을 파악하고 문제에 봉착했을 때 학습자가 갖고 있는 기존지식과의 연결과 같은 개별지도를 통해서 학습자가 겪고 있는 어려움을 함께 해결해 나가면서 성장을 돕게 됩니다. 이러한 과정에서 학습자는 성취감을 얻을 수 있고 이것이 자신감으로 발전하게 됩니다.

둘째로 자기주도학습을 위해서는 학습전략과 기술이 필요합니다. 산드라 스카(Sandra Scarr)의 연구[30]에 따르면, 학습능력의 75%는 동기부여, 사전지식, 학습전략과 같은 요인들로 비롯되며, 학습자의 학업성취도만으로는 학습자의 재능, 학습의 효율성 정도, 그리고 학습동기를 파악할 수는 없다고 말하고 있습니다. 또한 자기주도학습의 초기 단계에서 학습자는 스스로 지식을 체계화하는 능력이 부족합니다. 더군다나 지식의 연관성을 찾아내기란 더욱 어렵습니다. 그래서 '어떻게 배우는지'에 대한 학습방법과 함께 지식의 연계성과 확장성을 이해하고 개별 학습자의 재능과 요구를 이해하고 그 필요에 맞춰 도움을 제공할 수 있는 학습코치가 필요합니다. 중세시대의 도제수업을 생각해 보면 잘 이해가 되리라고 생각합니다. 도제수업은 행함으로써 배우는 방식에 기초한 학습입니다. 견습생은 스승의 기술과 전략을 관찰하고 모방했습니다. 오늘날 지도교수 밑에서 배우는 박사과정이나 의대의 레지던트과정도 사실상 도제수업이라 할 수 있습니다.

셋째로 목표달성을 위해서는 그릿(Grit)[31]이 필요합니다. 펜실베니아대 심리학과 교수인 앤절라 더크워스(Angela Duckworth)는 학생을 가르치면서 성적이 좋은 학생과 나쁜 학생의 차이가 단순히 IQ에 있지 않다는 사실에 주목합니다. 뉴욕시 공립고등학교의 수학교사로서 여러 해에 걸쳐 학생들의 성장을 지켜보면서 '인생의 성공에 있어서 재능이나 성적보다 훨씬 중요한 다른 요인, 즉 노력의 영향이

30 올라프 슈에베(2016). 북유럽공부법, 도그지어.

31 미국의 심리학자이자 교수인 앤절라 더크워스가 개념화한 용어로, 성장(Growth), 회복력(Resilience), 내재적 동기(Intrinsic motivation), 끈기(Tenacity)의 줄임말로 성공과 성취를 이끌어내는 데 결정적 역할을 하는 투지 또는 용기를 뜻한다.

크다'고 생각하고 그릿(열정과 집념이 있는 끈기)을 주제로 연구를 시작하게 됩니다.[32] 뛰어난 성취를 이루는 사람들은 자신이 원하는 미래와 자신이 처한 현실의 격차를 분명히 인식하고 그 격차를 줄이기 위해 노력하는 습관을 지닌 사람입니다. 이러한 사람들은 자신이 원하는 바를 이루었을 때의 긍정적인 결과를 생생하게 그리는 동시에 목표를 이루기 위해 넘어서야 할 장애와 어려움에 대해서도 분명하게 인식한다고 합니다.[33] 즉 자신의 목표를 달성하기 위해서는 자신의 일에 집중하는 것입니다. 예를 들면, 아마추어 마라토너가 자신의 마라톤 기록을 3시간 이내로 완주하려는 목표를 세웠다고 하죠. 기온이 35℃ 이상으로 올라가거나 영하로 떨어지는 날도 있을 것이고 아침부터 밤늦게까지 바쁜 날도 있을 것입니다. 이런 날에는 달리기가 불편할 것이고 불가능해 보이기까지 할 것입니다. 그러나 집중력이 강한 마라토너라면 그럼에도 불구하고 달릴 것입니다. 더운 날에는 일찍 일어나 달리거나 추운 날에는 실내에서 달리거나 옷을 많이 껴입고 달릴 것입니다. 바쁜 날에는 점심시간이나 늦은 밤에 달릴 것입니다. 집중력이 강하면 사소한 불평이나 게으름 피우고 싶은 마음 때문에 연습시간을 놓치지 않을 것입니다. 그래서 프로이드는 '영감이 떠오르지 않을 때 나는 그것을 마중나간다'라고 하였습니다. 또한 하워드 가드너(Howard Gardner)는 창조적인 생각이나 산물은 오랜 시간에 걸친 고된 노력의 결과 얻어진 것임을 말하고 있습니다. 아인슈타인을 예로 들면, 그는 상대성 이론연구를 위해 14년을 물리공부에 전념했습니다. 앤절라 더크워스는 재능만으

32 앤절라 더크워스(2016). 그릿, 비즈니스북스.

33 김주환(2013). 그릿, 쌤앤파커스.

로는 성공을 보장할 수 없으며 그릿(열정과 집념이 있는 끈기)이 뒷받침되어야만 탁월성이 나타날 수 있다고 주장합니다.[34]

결론적으로 학습자의 자기주도학습을 효율적이고 지속적으로 이끌어가기 위해서는 학습코치가 필요하고 그 역할이 중요합니다. 즉 자기주도학습을 익히기 위해서는 학습자의 학습동기를 일으키고, 학습목표를 세우며, 그에 필요한 학습전략을 선택하고, 학습결과를 스스로 평가할 수 있는 능력을 키워주는 '학습코치'(Coach)가 절대적으로 필요하다는 것입니다. 그 코치역할은 학부모가 될 수도 있고 교사가 될 수도 있습니다. 그렇다면 코치(Coach)의 중요성에 대해 한 번 얘기해볼까요? 제가 다녔던 네브래스카 주립대학교(UNL)는 미식축구로 유명합니다. 저는 미식축구에 특별한 관심이 없었지만 네브래스카 주립대가 1997년 전미 대학풋볼우승을 차지했을 때는 링컨(Lincoln) 시내 전체가 N자가 새겨진 빨간 티셔츠를 입은 사람들의 물결로 넘쳐나기도 했습니다. 특히 네브래스카 주립대 미식축구팀의 홈경기가 펼쳐지는 토요일은 경기장 주위는 말할 것도 없고 밤늦게까지 시내와 술집(Pub)에 사람들로 붐볐습니다. 네브래스카 주립대 미식축구팀의 전미대학 우승을 이끌었던 톰 오스본(Thomas Osborne) 코치는 1973~1997년까지 25년간 네브래스카 주립대 미식축구팀 코치였습니다. 그가 코치였던 기간 중 3번(1994, 1995, 1997년)이나 전미 대학미식축구 우승컵(National Championship)을 네브래스카 주립대로 가져왔습니다. 그는 그러한 명성으로 인해 네브래스카주에서 3번씩이나 미국 하원으로 선출되기도 했습니다.

아마 톰 오스본 코치가 아니고 다른 코치였다면 그런 일이 가능

---

34 앤절라 더크워스(2016). 그릿, 비즈니스북스.

했을까요? 저는 판단하기 어렵지만 대다수 네브래스카 주민들은 네브래스카 주립대가 3번씩이나 전미 대학 미식축구 우승을 차지할 수 있었던 것은 톰 오스본 코치의 영향이 크다고 믿는 것 같습니다. 그것은 톰 오스본이 은퇴한 이후 네브래스카 주립대가 한 번도 전미 대학미식축구에서 우승하지 못한 것을 보면 코치의 역할이 얼마나 중요하다는 것을 간접적이나마 짐작할 수 있겠죠.

학습자에게 이러한 중요한 의미를 가지는 학습코치는 어떤 역할을 하는 것일까요? 먼저 학습코치는 학습자의 동기를 유발시키고 확인하며 학습목표를 세울 수 있도록 이끌어줍니다. 둘째로, 학습코치는 학습목표 달성에 필요한 학습전략을 지도하고 학습과정에서 발생하는 문제해결을 도와줍니다. 셋째로, 학습자의 효율적인 학습이 이루어질 수 있도록 학습자원들을 소개하고 활용할 수 있도록 합니다. 마지막으로 학습자의 학습결과를 스스로 평가할 수 있도록 도와주는 역할을 수행합니다. 따라서 학습코치는 학습자가 자기주도학습을 할 수 있도록 학습 습관을 형성하도록 도와주는 역할을 수행하는 사람입니다.

그렇다면 역사상 뛰어난 학습코치였던 몇 분들을 살펴볼까요? 석가, 공자, 소크라테스, 예수, 모하메드를 알고 있나요? 석가(기원전 624~544년)는 불교를 창시한 분입니다. 공자(기원전 551~479년)는 유가사상의 시조로 중국춘추시대의 교육자입니다. 소크라테스(기원전 470~399년)는 그리스 아테네에서 태어난 철학자입니다. 예수(기원후 1~33년)는 기독교를 창시한 분입니다. 모하메드(570~632년)는 이슬람교의 창시자입니다. 이들의 공통점은 무엇일까요? 첫째로 이들은 뛰어난 학습코치였습니다. 제자들을 길러 종교와 학문에서 뛰어난 업적을 성취하였습니다. 둘째로 이들은 자기주도학습의 선구자였습니다. 석가는 35세에 보리수 밑에서 스스로 깨달음을 얻었습니다. 공자의 스승은 알려진 바 없습니다. 소크라테스의 경우 제자는 플라톤, 아리스토텔레스가 있지만 스승은 알려진 바 없습니다. 예수는 목수의 아들로 태어나 스스로 선지자라고하기까지 목수 일을 했습니다. 모하메드는 심지어 글도 깨우치지 못한 무학이었습니다. 그러나 이들의 공통점은 자기주도학습을 통해 스스로를 세계의 현자 또는 성인이 되었다는 점입니다. 이제 자기주도학습과 학습코치는 어떤 관계에 있는지, 학습코치가 왜 중요한지 조금은 이해하게 되었나요?

학습자가 시냅스 러닝과 자기주도학습 과정을 이해하는 것은 '자전거 타는 법'을 배우는 것과 같습니다. 부모가 자녀에게 자전거 타는 법을 가르칠 때 누구도 "너의 형이나 언니가 너보다는 자전거를 잘 탔어"라는 식으로 말하지 않습니다. "자~ 페달에 발을 올리고 핸들을 꼭 잡고, 중심을 잡으면서 넘어지지 않도록 해"라고 말합니다. 그리고 "내가 뒤에서 자전거를 잡고 있을 테니까 걱정하지 말고 페달을 밟으면서 앞으로 가렴"이라고 말합니다. 그리고 부모는 자녀가 탄 자전거를 밀어주다가 어느 순간 슬그머니 손을 놓습니다. 그렇지만 아이는 그것도 모른 채 뒤에서 자전거를 붙들고 있을 부모를 믿고서 열심히 페달을 밟습니다. 그렇게 해서 자녀는 자전거 타는 법을 배우게 되는 것입니다. 자전거 타는 법을 배우는 것은 자기주도학습의 과정과 학습코치가 어떤 관계이며 학습코치의 역할이 무엇인지를 잘 나타내는 비유라고 할 수 있습니다.

5. 시냅스 러닝 개념도

시냅스 러닝의 핵심원리라고 할 수 있는 자기주도학습(Self-Directive Learning) 학습코칭의 목적은 학습자가 자신의 재능과 능력을 파악하고 자기주도학습으로 자신의 역량을 강화하여 창의적 융합인재가 되는 기틀을 마련하는 것입니다.

그림 12는 시냅스 러닝을 통해 추구하는 학습내용을 나타내는 개념도입니다.

자기주도학습을 하기 위해서는 학습자가 스스로 학습계획을 세우고 실천 여부를 점검하며 그 점검결과에 따라 계획을 수정하거나 학습량을 조절하는 등의 훈련을 반복해야 합니다. 즉 학습의 주체자인 자신이 주도적으로 학습 과정을 계획하고 실행하고 평가해

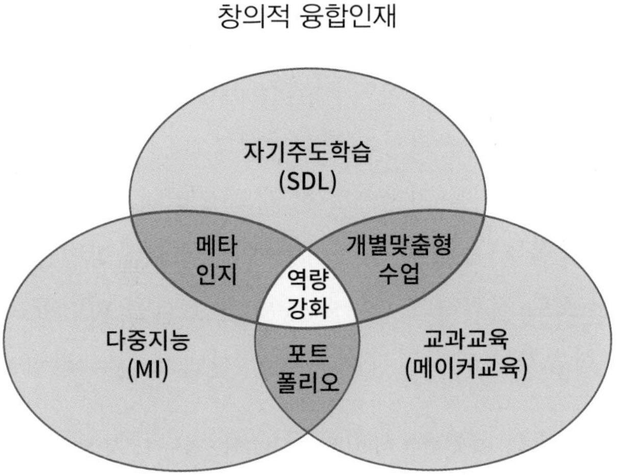

그림 12 시냅스 러닝 개념도

서 환류시키는 일련의 과정을 스스로 관리할 수 있어야 합니다. 그러한 과정에서 발생하는 시행착오를 겪으면서 자신만의 학습방법을 향상시키고 개발하는 것입니다.

이를 위해서는 우선 자신의 재능을 아는 것이 중요합니다. 하워드 가드너의 다중지능(Multiple Intelligences)이론은 학습자의 재능을 파악하고 판별하여 재능이 있는 분야는 강화하고 약한 분야는 보완할 수 있는 탁월한 판별 도구입니다.

이와 함께 시냅스 러닝을 이해하기 위해서는 메타인지(metacognition)[35] 능력이 필요합니다. 그러나 학습자가 처음부터 메타인지를 사용하여 시냅스 러닝으로 나아가기란 매우 어려운 일입니다. 그것은 마치 갓 태어난 아기에게 모유나 분유 대신 이유식이나 밥을 먹고 걷기를 요구하는 것과 같습니다. 갓 태어난 아기가 밥을 먹기 위해서는 모유 기간과 이유식의 기간이 필요합니다. 그리고 아기가 걷기 위해서는 1년 이상 부모의 사랑과 돌봄이 필요합니다. 마찬가지로 학습자가 메타인지를 사용하여 시냅스 러닝을 이해하기 위해서는 전문가의 개별적인 학습코칭이 필요합니다.

학습자는 메타인지를 기반으로 한 시냅스 러닝으로 자신만의 학습방법과 기술을 터득해 나갈 것이며, 이러한 학습방법을 통해 수업교과를 스스로 점검하고 보완할 수 있는 토대를 마련할 수 있을 것입니다. 학습자는 메타인지를 이용한 시냅스 러닝 과정을 통해

---

35 메타(meta)는 '어떤 것을 위한 어떤 것'을 의미하는 접두사로서 한 단계 높은 고차원을 의미한다. 메타인지(metacognition)는 '인지활동에 대한 인지 또는 다른 지능의 발휘를 돕는 지능의 지능'으로 풀이할 수 있다. 즉 자신의 인지능력을 알고 조절하거나 자기를 이해하는 지능인 것이다. '노경원, 김연공(2012). 공부궁리, 소리미디어'에서 발췌.

학교생활과 수업교과에 대한 자신감을 가지게 될 것이며 이러한 자신감은 현실적이고 구체적인 삶의 목표를 지향하게 될 것입니다. 그리고 시냅스 러닝의 결과물이라 할 수 있는 포트폴리오(Portfolio)[36]는 자신의 목표를 달성하기 위한 로드맵 역할을 하게 될 것입니다.

따라서 시냅스 러닝 학습코칭은 학습자 개개인의 필요와 재능에 초점을 맞춘 개별맞춤형 프로그램으로서 운영되어야 할 필요가 있습니다. 그리고 학습자가 시냅스 러닝과 함께 자신의 재능과 진로, 직업에 대한 전망과 전문지식을 습득할 수 있도록 하는 진로컨설팅을 함께 접목한다면 더욱 바람직할 것으로 보입니다.

2 다중지능(Multiple Intelligences)이론

1. 다중지능이론이란?

시냅스 러닝을 시작하기 위해서는 먼저 자신을 알아야 합니다. 시냅스 러닝의 출발점이 자신으로부터 시작하기 때문입니다. 자신을 아는 것이 왜 중요한가는 소크라테스의 '너 자신을 알라(Know youself)'라는 말을 통해서도 짐작할 수 있습니다. 소크라테스는 이것을 '너 자신의 무지를 알라'라는 의미로 사용했지만 여기서는 학습자가 주도적으로 학습을 이끌어가기 위해서는 자신이 가진 재능과 능력을 파악할 필요가 있다는 것으로 이해할 수 있습니다. 『손자병법』에

36 포트폴리오(portfolio)는 자료묶음, 작품집을 뜻하며 자신의 이력이나 경력, 실력 등을 알아볼 수 있도록 자신이 과거에 만든 작품이나 관련내용 등을 모아놓은 자료철 또는 자료 묶음, 작품집으로 실기와 관련된 경력증명서라고 할 수 있다.

'자신을 알고 적을 알면 백번 싸워도 위태롭지 않다'는 말이 있습니다. 전쟁에서 가장 우선시 되는 것은 자신과 상대방의 강점과 약점을 알아야 한다는 것입니다. 상대방의 강점과 약점과 함께 우리 군사들의 병력과 건강상태, 사기, 그리고 탄약과 식량과 같은 보급품이 어느 정도 확보되어 있는지를 파악해야 한다는 것이죠. 적으로 간주되는 상대방을 정확히 파악하는 만큼 자신을 안다는 것이 중요합니다. 교육과 학습에 관한 이론 중 자신에 대해 파악할 수 있는 이론과 방법은 여러 가지가 있습니다. 그중에서도 가장 효과적인 이론을 말하자면 하워드 가드너(Howard Gardner)[37]의 다중지능이론을 들 수 있습니다.

다중지능이론은 인간의 지적 능력을 다양하게 바라보는 시각으로 1983년 하워드 가드너에 의해서 제시된 이론입니다. 그는 기존의 인간지능에 대한 IQ(지능지수)에 대해 의문을 제기하면서 인간의 지능을 IQ 점수를 훨씬 뛰어넘는 범위로 확대하였습니다. 가드너는 지능은 보거나 셀 수 있는 것이 아니라 특정 문화와 시대 속에서 제공되는 환경과의 상호작용으로 나타난다고 주장하였습니다. 또한 한 인간이 어떤 분야에서 성공하기 위해서는 언어지능이나 논리수학지능만이 영향을 주는 것이 아닌데도 불구하고 2가지 지능만 지나치게 강조하고 다른 지능들을 등한시했다고 기존의 지능이론을 비판하였습니다.

가드너는 초기에는 7개의 다중지능이론을 제안하였는데, 그는 지능을 '한 문화권 혹은 여러 문화권에서 가치 있게 인정되는 문제

37 Howard Gardner(1983). *Frames of Mind: The Theory of Multiple Intelligences*, Basic Books.

를 해결하고 산물을 창조하는 능력'이라고 정의하였습니다. 그는 인간에게는 9개의 다양한 지능 즉, 언어지능, 논리수학지능, 자연친화지능, 인간친화지능, 공간지능, 신체운동지능, 음악지능, 자기성찰지능, 실존적 지능이 있으며 이를 통해 인간의 다양한 잠재력을 파악하고자 하였습니다.

2. 다중지능이론 영역

가드너는 원칙적으로 9개의 지능이 상호독립적이라고 가정하면서 특정 영역에서 여러 지능들이 상호작용할 수 있음을 인정하고 있습니다. 그가 지능이 상호독립적이라고 가정하는 데에는 두 가지 이유가 있습니다. 첫째는 하나의 정보를 독립된 한 지능을 통해서 해석하는 것이 빠르고 효율적이기 때문입니다. 둘째는 뇌 일부만이 손상된 사람이 다른 능력은 큰 변화 없이 한 능력만이 크게 훼손되는 것을 통해서 지능은 상호독립적이라고 판단할 수 있기 때문입니다. 예를 들면, 전두엽[38]이 손상된 사람은 의사소통능력만이 훼손됩니다. 이를 통해 전두엽 손상은 의사소통능력과 관계된 언어지능에 영향을 끼치고 다른 지능과는 독립적이구나 하고 판단하는 것입니다.

가드너에 따르면 모든 사람은 개인차가 있지만 9개의 지능을 모두 소유하고 있다고 주장합니다(표 2, 표 3). 그러나 9개의 지능이 모두 우수한 전지전능한 사람은 없다고 하죠. 반대로 장애가 있는 사람이라도 모든 지능영역에서 열등한 것이 아니라 특정 영역의 지능이 우수할 가능성이 충분히 있다는 것입니다. 그는 사람의 모습이 천

38 머리의 앞쪽에 위치하며, 대뇌에서 가장 큰 피질이고, 언어기능, 논리적 사고 등의 판단을 담당한다.

차만별인 것처럼 사람이 가진 우수한 지능영역도 다르며, 발달속도 또한 다르다고 주장합니다.

표 2 다중지능의 영역과 특성

영역	특성	관련학과	희망직종
언어지능	말이나 쓰기에서 단어들을 유효적절하게 이용하는 능력	언론정보학 신문방송학	언론인 소설가
논리수학지능	숫자를 논리적이고 효과적으로 사용하는 능력뿐만 아니라 과학적으로 사고하고 추론하는 능력	수학, 통계학 산업공학 경영학	수학자 물리학자 컴퓨터
공간지능	공간, 시각적인 것과 관련된 것에 대한 파악능력이 뛰어나거나 그러한 부분에 민감하게 반응하는 능력	건축학 도시공학 산업디자인	발명가 건축가 큐레이터
신체운동지능	신체로 생각과 감정을 표현하며 전체적인 육체를 이용하는 전문적인 능력	무용학 체육학	운동선수 무용가
음악지능	음악뿐만 아니라 소리와 관련된 모든 사항에 대해 남보다 민감하게 반응하거나 분석할 수 있는 능력	기악과 성악과 작곡과	작곡가 연주자 지휘자
인간친화지능	주로 사람들과 교류하고 타인의 감정과 행동을 파악하는 능력	교육학 심리학	간호사 사회복지
자기성찰지능	자신의 심리적 상태나 감정을 파악하는 능력으로서 자기인식을 기초로 하여 적절하게 행위할 수 있는 능력	심리학 철학 윤리학	심리학자 상담사 성직자

자연친화지능	주변 사물을 잘 관찰하고 분석하여 자연과 상호작용하는 능력	생물학 동물학	유전공학 원예가
실존적 지능	인간 존재의 이유, 삶과 죽음의 문제, 인간의 본성 등 철학적이고 실존적인 사고능력	종교학 철학	종교가 철학자

저는 1995년 미국에서 교육학 수업을 통해 가드너의 다중지능 이론을 처음 접했을 때 큰 충격을 받았습니다. 그때까지는 IQ(지능지수) 점수가 한 개인의 지적인 능력을 나타내는 절대적인 수치라고 생각해왔기 때문이었습니다. 그래서 가드너의 마음의 틀(Frames of Mind)을 읽고 가드너의 다중지능이론을 이해하게 되면서 공부에 조금씩 자신감을 가지게 되었습니다. 지금 늦깎이로 전공을 바꿔 공부에 도전하고 있지만 아직 늦지 않았고 열심히 한다면 충분한 가능성이 있겠구나라는 희망을 가지게 되었습니다. 그리고 가드너의 다중지능이론이란 잣대로 주위를 살펴보았습니다. 다중지능이론에 따르면, 각 분야에서 뛰어난 업적과 성취를 나타내는 사람들은 그 분야의 지능이 뛰어난 것임을 알게 되었습니다. 예를 들면, 제 지도교수였던 브라이언(Miles Bryant) 교수는 언어지능과 인간친화지능이 뛰어나고, 네브래스카 주립대의 미식축구팀원들은 신체운동지능이 뛰어난 것이죠. 이와 함께 학습자가 한 영역에서 숙달되는 데에는 10년 정도가 걸리며, 그 영역을 변화시킬 만큼 창의적이 되려면 또 다른 10년이 더 필요하다는 것도 알게 되었습니다. 결국 한 분야의 전문가가 되려면 최소한 20년은 그 분야에 열정

적인 태도로 봉사하고 헌신해야 한다는 것입니다. 예를 들면, 네브래스카 주립대 미식축구팀의 코치였던 톰 오스본은 25년간 네브래스카 주립대 미식축구팀을 이끌었습니다. 그가 네브래스카 주립대 미식축구팀을 전미대학 우승으로 이끌었던 해는 1994년, 1995년, 1997년입니다. 즉 그가 코치로 부임한지 20년이 지난 후부터였습니다. 이제 이해가 되셨나요? 학습자가 어떤 다중지능을 가지고 있는지는 다중지능 검사를 통해 비교적 손쉽게 파악할 수 있습니다.

표 3 다중지능 검사지[39]

1. 전혀 그렇지 않다 2. 별로 그렇지 않다 3. 보통이다
4. 대체로 그렇다 5. 매우 그렇다

문항	문항내용	1	2	3	4	5
1	나이에 비해 문장구성 능력이 평균 이상이다.					
2	허풍을 떨거나 농담과 이야기를 잘 한다.					
3	이름, 장소, 날짜 또는 사소한 것을 잘 기억한다.					
4	낱말게임을 좋아한다.					
5	책 읽는 것을 좋아한다.					
6	나이에 비해 발달상 더 나은 철자법을 구사한다.					
7	동음이의어, 발음하기 어려운 어구 등을 말하기 좋아한다.					
8	구어체(이야기, 책읽기 등)를 듣기 좋아한다.					
9	나이에 비해 어휘력이 뛰어나다.					

39 출처: Armstrong Thomas(1995). *Multiple intelligences in the classroom.* 전윤식 강영심(1997). 다중지능과 교육. 서울: 중앙적성출판사. 63–66.

문항	문항내용	1	2	3	4	5
10	매우 뛰어난 언어 능력으로 다른 사람과 의사소통한다.					
11	사물이 어떻게 작동하는지에 대해 질문을 많이 한다.					
12	숫자 개념이 나이에 비해 뛰어나다.					
13	수 헤아리기와 수를 가지고 무언가 하기를 좋아한다.					
14	수를 계산하는 게임이나 컴퓨터 수리게임을 좋아한다.					
15	이상한 나라의 엘리스와 같은 이야기 듣는 것을 좋아한다.					
16	어떤 것을 범주화, 위계화하기를 좋아한다.					
17	고도의 사고를 요하는 실험을 좋아한다.					
18	또래보다 더 추상적이고 개념적인 수준에서 생각한다.					
19	나이에 비해 인과관계를 잘 이해한다.					
20	시각적 영상을 생생하게 말한다.					
21	지도, 그림, 도표를 본문보다 더욱 자주 본다.					
22	또래보다 공상에 잘 잠긴다.					
23	미술활동을 좋아한다.					
24	나이에 비해 인물 형상을 잘 그린다.					
25	영화, 슬라이드, 기타 시각적 표현물을 좋아한다.					
26	나이에 비해 레고와 같은 3차원적 공작물을 만든다.					
27	책을 읽을 때 글자보다는 그림에서 더 많은 것을 얻는다.					
28	연습장이나 기타 종이에 무의미한 낙서를 쓰기도 한다.					

문항	문항내용	1	2	3	4	5
29	나이에 비해 뛰어난 신체적 활동을 보여준다.					
30	한 곳에 오래 앉아 있을 때 움직이거나, 잡아당기거나, 발을 가볍게 치는 등 잠시도 가만있지 못한다.					
31	다른 사람의 몸짓이나 특징을 잘 흉내낸다.					
32	사물을 분해하고 그것들을 다시 조립하기를 좋아한다.					
33	보고 있는 사물에 손을 댄다.					
34	달리기, 뛰기, 레슬링, 또는 비슷한 행동들을 좋아한다.					
35	공예기술(바느질, 기계다루기)이나 혹은 신체운동이 민첩하다.					
36	극적인 방법으로 자신을 표현한다.					
37	생각이나 작업할 때 서로 다른 신체적 감각을 느낀다고 말한다.					
38	진흙이나 기타 촉각적 경험(예 : 손가락 그림)을 좋아한다.					
39	음정이 고르지 못하거나 이상하게 들릴 때 그것을 지적할 수 있다.					
40	노래의 멜로디를 기억한다.					
41	노래할 때 목소리가 좋다.					
42	그룹에서 타악기를 연주하거나 노래 부르는 것을 좋아한다.					
43	가락에 맞추어 말을 하거나 움직인다.					
44	무의식적으로 콧노래를 부른다.					
45	활동할 때 리드미컬하게 책상이나 탁자를 두드린다.					
46	환경적 소음(예: 지붕 위에 빗방울이 떨어지는 소리)에 민감하다.					
47	음악이 나오면 즐거워한다.					

문항	문항내용	1	2	3	4	5
48	교실 외의 다른 곳에서 배웠던 노래를 부른다.					
49	또래들과 사귀기를 좋아한다.					
50	타고난 지도자인 것 같다.					
51	문제가 있는 친구에게 조언한다.					
52	세상물정에 밝은 것 같다.					
53	규칙적으로 만나는 또래집단이 있다.					
54	비공식적으로 다른 친구들을 가르치는 것을 좋아한다.					
55	둘 이상의 가까운 친구가 있다.					
56	문제가 있는 친구에게 조언한다.					
57	다른 친구들과 게임하는 것을 좋아한다.					
58	타인에 대한 공감이나 관심이 높다.					
59	다른 사람들이 동행을 요구한다.					
60	독립심이나 강한 의지를 나타낸다.					
61	자신의 강점과 약점에 대해 현실적 감각을 가진다.					
62	혼자 남겨졌을 때 놀이나 공부를 잘 한다.					
63	자신의 생활양식과 학습양식을 고수한다.					
64	자신의 흥미나 취미에 관해 많이 이야기하지 않는다.					
65	자주적인 결정능력이 높다.					
66	다른 사람과 함께하기보다는 혼자 활동하는 것을 좋아한다.					

문항	문항내용	1	2	3	4	5
67	자신이 어떻게 느끼는지 정확히 표현한다.					
68	인생에 있어 자신의 실패와 성공으로부터 배울 수 있다.					
69	자존감이 높다.					

______________ 의 다중지능 검사 결과 (20 . . .)

	반		이 름		생년월일		
점수	점	점	점	점	점	점	점
100							
80							
60							
40							
20							
0							
지능 구분	언어 지능 (1~10)	논리수학 지능 (11~19)	공간 지능 (20~28)	신체운동 지능 (29~38)	음악 지능 (39~48)	인간친화 지능 (49~59)	자기성찰 지능 (60~69)

평 가

- 답안지의 번호가 1인 경우는 1점, 2는 2점, 3은 3점, 4는 4점, 5는 5점을 준다.
- 언어지능, 신체운동지능, 음악지능, 자기성찰지능은 각 지능별로 나온 (총점× 2)를 하면 100점 만점으로 환산된다.
- 논리수학지능과 공간지능은 (총점×100)÷45를 하면 100점 만점으로 환산된다.
- 인간친화지능은 (총점×100)÷55를 하면 100점 만점으로 환산된다.

3 학습자의 유형

1. 목표지향적 유형

오늘날 대부분의 국가는 최소한 초등교육을 의무교육으로 지정하고 있습니다. 초등교육은 그 나라의 국민들이 사회에서 살아가는데 필요한 기초적 소양이라고 할 수 있죠. 특히 우리나라에서는 예로부터 교육을 중시해 왔습니다. 그래서 청소년기에 학교에 다니지 않는 아동은 거의 없습니다. 그러나 학생들에게 학교가 가지는 의미에 대해 물어보면 부정적인 답변들이 많습니다. 이상한 것은 학생들이 학교에 대한 부정적 시각이 많지만 학교를 다녀야 한다는 것에 대해서는 대체로 공감한다는 점입니다. 이것은 학생들이 자신의 삶과 미래를 위해 학교교육이 필요하지만 충분하지는 않다는 의미로 받아들여집니다. 오늘날 학교는 산업사회의 특징인 대량생산을 위한 교육시설을 유지하고 있습니다. 특히 우리나라에서는 이것을 '붕어빵식 교육'이라고 부릅니다. '붕어빵식 교육'이란 틀에 박힌 획일적인 교육을 의미합니다. 우리나라의 이런 교육제도는 학생 개개인의 특성과 요구를 만족시키지 못하고 있습니다. 그렇다면 바람직한 학교는 어떤 모습이어야 할까요?

학생들이 학교에서 새로운 지식을 흡수하기 위해서는 충분한 시간이 필요합니다. 학생들은 개개인에 따라 새로운 지식을 습득하는데 필요한 시간이 다릅니다. 따라서 지식의 습득능력이 각각 다른 학생들에게 시간을 어떻게 적절하게 계획하고 배분하는가는 중요한 문제입니다. 이와 함께 학교 교육목표와 학생 동기화의 관계는 매우 중요합니다. 만일 명확한 교육목표가 학생들에게 제시된다면 학생들은 학습에 더욱 집중하게 될 것입니다. 예를 들면, 학교가 학생 간의 경쟁적인 분위기를 조성하고 능력에 따른 석차를 중시한다고 하죠. 그 학교의 학생들은 경쟁과 성취를 우선시하는 목표를 세울 것입니다. 목표란 개인의 생각과 감정, 행위를 이끌어 가는 믿음입니다.[40] 목표는 개인의 동기화에 영향을 줍니다. 개인이 가진 가치나 직업관이 자신의 삶과 직업에도 영향을 미치게 되는 것과 같습니다.

교사와 학생은 교실에서 학습을 통해 상호 믿음과 가치를 나누게 됩니다. 이러한 상호 믿음과 가치는 교사와 학생의 언어와 행동을 통해 표현됩니다. 교사는 학생들을 필요와 상황에 따라 경쟁적, 협동적, 능동적, 수동적으로 가르쳐야 합니다. 목수가 나무의 결에 따라 나무를 대패질하고 다듬듯이 교사는 학생들을 그 특성에 따라 가르치고 이끌어야 합니다. 학습은 본질적으로 즐겁고 기쁨을 주는 것이므로, 학생들이 가진 자신만의 독특한 능력과 방법으로 이루어져야 합니다. 교사는 학생들이 자기의 학습방향을 자기주도적으로 결정할 수 있도록 격려하고 지원해야 합니다. 학생들은 학교의 수업환경이나 교사에게서만 배우는 것이 아닙니다. 그들은 자신이 부딪히는 사람들과 사물, 그리고 주위에서 벌어지는 사건들을 통해서도 배웁니다. 사회적 상황에서 사람들이 어떻게 해석하고, 무엇을 중요한 현상으로 간주하며, 어떤 방식으로 반응하는가를 배웁니다. 그리고 자신이 그런 상황에 처한다면 어떻게 행동할 것인가를 판단합니다.

---

40 Maehr, M. L. & Midgely, C. (1996). *Transforming School Cultures*. Westview Press: Colorado.

학생들은 학습이나 시험을 준비할 때 목표를 세웁니다. 그 목표가 어떠한 지향성을 가지느냐에 따라 학습지향적 목표와 성취지향적 목표로 나뉘게 됩니다. 성장과 배움을 지향하는 학습지향적 목표와 성취와 경쟁을 중시하는 성취지향적 목표는 서로 다릅니다. 추구하는 목표뿐만 아니라 동기, 학습방법까지 서로 다릅니다. 초등학교 학생들은 자아와 삶의 목적과 방향이 아직 형성되지 않아서 교사나 학교의 영향을 쉽게 받아들입니다. 그러나 중 · 고등학교의 학생들은 자아와 목표설정이 뚜렷해지면서 교사나 학교의 영향을 쉽게 받아들이지 않습니다. 일반적으로 초등학교 학생들은 학습지향적 목표를 선택하고, 중 · 고등학교로 올라갈수록 성취지향적 목표를 선택하는 경향이 있습니다.[41]

학습지향적 목표와 성취지향적 목표는 양자택일의 문제가 아닙니다. 자신이 추구하는 목표와 주어진 환경, 학습여건에 따라서 달라질 수 있습니다. 어느 한쪽이 옳고 다른 한쪽은 옳지 않다는 것이 아닙니다. 예를 들면, 현재 고3으로서 대학수학능력시험(수능)을 준비하거나 대학졸업을 앞두고 눈앞에 공무원시험을 준비하고 있다면, 즉 단기적인 목표달성을 원한다면 성취지향적 목표로 접근해야 할 것입니다. 그러나 대학원 석사과정이나 박사과정과 같이 장기적인 목표달성을 위해 진로를 준비하고 있다면 학습지향적 목표로 접근해야 할 것입니다. 따라서 자신의 목표와 주어진 환경, 그리고 상황에 따라 학습지향적 목표를 결정하는 것이 중요합니다.

시냅스 러닝의 시각에서 학습지향적 목표와 성취지향적 목표를

---

41 Pintrich, P. R. & Schunk, D. H. (1996). *Motivation in Education*. NJ: Merrill Prentice Hall.

바라보면 어떻게 해석할 수 있을까요? 장기적이고 근본적으로 개념에 집중해서 공부해야 할까요? 아니면 단기적으로 세부사항에 집중해서 공부하는 것이 나을까요? 최근 연구에 따르면, 여러분이 선다형 시험을 준비하고 있다면 세부사항에 집중하는 학습법을 선택하는 것이 효과적입니다. 그러나 주관식이나 논술시험을 준비하고 있다면 개념을 파악하는 학습법을 선택하는 것이 기억을 저장하는 데 유리합니다.[42]

2. 학습지향적 유형

학습지향적 목표는 개인의 진보 및 성장을 중요시합니다. 따라서 노력과 상대적 평가기준에 가치를 부여합니다. 학습지향적 목표는 실수를 학습의 일부로 자연스럽게 받아들입니다. 학습지향적 목표는 자아존중, 노력, 인내, 몰입과 같은 가치와 동기에 강하게 연결되어 있습니다.

학습지향적 목표는 평생학습에 대해 긍정적입니다. 개인의 향상을 학습과정의 최우선에 두며, 노력의 최종 목적을 진보에 둡니다. 이러한 태도는 창의성을 강화시키는 경향이 있습니다. 따라서 개인적 의미를 가지는 과제 수행을 선호합니다.[43]

학습지향적 학생에게는 학습에 대해 흥미를 일으킬 수 있는 과제에 중점을 두어야 합니다. 학생들의 경험이나 실제생활과 관련되어 있는 교육내용을 찾아내어 의미 있는 학습으로 만드는 것이 중요합니다. 교사는 학생들과의 긴밀한 관계형성을 위해 학생들을 모둠별

---

42 에릭 캔델(2016) 기억의 비밀, 해나무.

43 Maehr, M. L. & Midgely, C. (1996) 같은 책.

로 조직하는 것이 바람직합니다.

학습지향적 학생들은 긍정적이고 순응적인 태도를 나타내는 경향이 있습니다. 학습과 과제 습득, 능력 향상에 관심을 가집니다. 그들은 그들의 노력과 결과 사이에 강한 연결고리가 있다고 믿는 경향이 있습니다. 학습지향적 학생들은 성공과 실패에 관계없이 노력을 계속합니다. 그리고 더 많은 노력이 더 많은 능력을 의미한다는 긍정적 태도를 가집니다. 학습지향적 학생들은 도전정신을 가지고 있습니다. 그리고 새로운 시도를 위한 실패를 기꺼이 감수하려고 합니다. 교사나 학부모들은 이러한 학습지향적 목표를 새로운 지식이나 기술을 습득하기 위한 '흥미'라고 얘기합니다. 이러한 '흥미'중심의 목표는 누구나 학습할 수 있다는 가정을 전제로 하고 있습니다.

이러한 학습지향적 목표의 결과는 장기적인 기간에 걸쳐 서서히 나타납니다. 씨를 뿌리고 가꾸고 열매를 맺는데 시간이 걸리듯이 서서히 진행되고 성장합니다. 그래서 교사나 학부모는 학생을 재촉하거나 서두르지 말고 지켜 볼 필요가 있습니다. 그 과정에서 시행착오와 실패를 거듭하더라도 실패를 통한 경험이 쌓이고 성장하는 과정을 지켜보면서 격려하고 지지해 주는 것이 중요합니다.

3. 성취지향적 유형

성취지향은 사회적 경쟁과 관련되어 있습니다. 즉 한 개인의 능력을 타인의 능력과 비교하게 됩니다. 학교에서 성취지향적 목표는 학습을 경쟁적인 상황으로 만듭니다. 그 목적은 타인에 대해 경쟁력을 가지는 것입니다. 성취지향적 목표를 가진 학교에서의 보상이란 타인보다 얼마나 더 나은 능력을 나타내느냐에 달려 있습니다.

그것은 달리기 경주에 참여하는 주자가 서로 다른 지점에서 출발하는 것과 같습니다. 따라서 뒤쳐진 채 출발하는 학생들에게는 따라잡을 기회가 거의 없습니다. 이러한 환경에서는 노력이 아니라 승리하는 자가 대우받는다는 메시지를 전달합니다. 학교가 경쟁적인 분위기를 조성하고 능력에 따른 석차를 중시한다면 어떤 상황이 벌어질까요? 학생들은 성취를 우선시하는 목표를 세울 것입니다. 그리고 학생들의 학습방법에 영향을 끼칠 것입니다. 그리고 학생들이 어떤 인간이 될 것인가 하는 것에까지 영향을 끼치게 될 것입니다.

성취지향적 목표는 전략적 학습이나 반성적 사고, 정보를 지식으로 변화시키는 사고작용을 강화하지 않습니다. 성취지향적 목표는 이해를 강화하지도 않습니다. 학습자가 하나의 문제를 다른 문맥이나 상황에 적용하는 것을 격려하지도 않습니다. 학교가 성취를 강조하면 학문적 효율성은 저하될 것입니다. 학생들은 학교에서 기대하는 것을 달성할 수 없을 것이라는 무능력감과 학교에 대한 소속감이 저하될 것입니다.[44]

성취지향적 학생들에게 성공이란 타인보다 성적이 우월한 것을 의미합니다. 그리고 어떤 수단과 방법을 사용하더라도 이기는 것을 의미하게 됩니다. 실수와 실패를 피하는 것에 우선적 가치를 두게 됩니다. 그리고 절대적인 평가기준을 선호합니다. 경쟁에서 승리하거나 학문적 성취를 이룬 것에 대해 자부심을 가지고 인정받기를 원합니다. 즉 타인보다 우월함을 나타내기 위해 노력하게 됩니다. 그러한 학생들은 결과지향적입니다. 따라서 많은 노력을 투자하지 않고 가능하면 빨리 작업을 마무리하는데 집중합니다. 성취지

---

44 Maehr, M. L. & Midgely, C. (1996), 같은 책

향적 학생들은 이해와 습득을 향상시키는 학습전략을 채택하지 않는 경향이 있습니다. 지식의 나눔, 협동학습, 집단학습, 타인을 도우는 행위를 장려하지 않는 경향이 있습니다. 성취지향적 목표를 추구하는 학생들은 성공과 실패에 접근하는 태도가 다릅니다. 실패와 관련된 과제에 대해서는 비순응적인 행동을 나타냅니다. 또한 그들이 열심히 할수록 그들의 능력이 줄어든다고 생각합니다. 따라서 자신의 능력을 유지하기 위해 지나친 노력의 투자를 피하려는 경향이 있습니다.[45]

대다수 학부모들은 자신의 자녀가 이웃이나 친구의 자녀보다 더 나은 학업성취를 이루기를 바랍니다. 그 결과 자녀가 사회에서 인정받고 선호하는 대학에 입학하기를 원합니다. 그리고 대학 졸업 후에는 대기업이나 사회에서 선호하는 직업을 갖게 되기를 바랍니다. 문제는 이러한 성취를 달성하는 자녀들을 가진 학부모는 소수라는 것입니다. 우선 대학입시에서부터 원하는 대학에 가지 못하거나 탈락의 아픔을 겪게 되죠. 다음 관문은 원하는 직장이나 직업을 가질 수 없게 되는 경우가 많습니다. 그래서 많은 자녀들이 '나는 부모의 기대에 미치지 못하는 쓸모없는 존재구나'라는 패배자라는 상처를 간직한 채로 성장하여 어른으로 살아가게 됩니다. 따라서 성취지향적 목표는 검정고시, 자격증시험, 공무원시험 등과 같이 단기적인 기간에 집중해서 결과를 얻어야 하는 경우에 매우 효과적인 방법이라고 할 수 있습니다.

그렇다면 이제 표 4를 통해 여러분의 목표지향성을 한번 알아볼까요?

---

45 Pintrich, P. R. & Schunk, D. H.(1996), 같은 책

표 4 목표지향성 설문지

문 항	전혀 그렇지 않다	약간 그렇다	어느 정도 그렇다	대체로 그렇다	매우 그렇다
1. 나는 새로운 것을 배울 수 있는 도전적인 과제를 좋아한다.	①	②	③	④	⑤
2. 나는 선생님에게 다른 친구보다 영리해 보이고 싶다.	①	②	③	④	⑤
3. 나는 선생님께 어리석은 질문을 했다가 친구들이 비웃을까봐 두렵다.	①	②	③	④	⑤
4. 나는 수업시간에 가능한 한 많은 것을 배우고 싶다.	①	②	③	④	⑤
5. 나는 다른 학생들과 비교해서 잘했을 때 성취감을 느낀다.	①	②	③	④	⑤
6. 나는 수업시간 선생님의 질문에 대답하지 못하면 친구들이 나를 어떻게 볼 것인가에 대해 신경이 많이 쓰인다.	①	②	③	④	⑤
7. 어려워도 호기심을 자극할 수 있는 수업내용을 좋아한다.	①	②	③	④	⑤
8. 친구들이 나를 공부 잘하는 학생으로 평가하는 것이 나에게는 중요하다.	①	②	③	④	⑤
9. 나는 학교 친구들에게 조롱받지 않아야 한다는 생각으로 공부한다.	①	②	③	④	⑤

문 항	전혀 그렇지 않다	약간 그렇다	어느 정도 그렇다	대체로 그렇다	매우 그렇다
10. 나는 새로운 것을 배우는 것이 좋다.	①	②	③	④	⑤
11. 나는 다른 학생들보다 공부를 잘하고 싶다.	①	②	③	④	⑤
12. 내가 수업시간에 실수를 할 때 다른 친구들이 나를 나쁘게 평가할까 걱정된다.	①	②	③	④	⑤
13. 나는 어려운 과제를 해결하기 위해 계속 노력한다.	①	②	③	④	⑤
14. 다른 사람들에게 나의 능력을 보여주기 위해 시험을 잘 치르고 싶다.	①	②	③	④	⑤

출처: KEDI종합검사도구 – 학습자 특성 검사(현주 외, 2006)

이제 아래의 표에 각각의 목표지향성에 해당하는 항목의 점수를 합산해서 적어볼까요?

3가지 목표지향 중 가장 높은 점수가 여러분의 목표지향성이라고 할 수 있습니다.

	학습목표지향 (1, 4, 7, 10, 13번)	성취목표지향 (2, 5, 8, 11, 14번)	수행회피지향 (3, 6, 9, 12번)
점 수			

3가지 목표지향에 대한 설명은 아래와 같습니다(현주 외, 2006).

1. 학습목표지향: 학습자가 자신의 유능함을 개발 또는 발전시키거나 과제를 숙달하는 것에 중점을 둠. 어떤 외적 보상보다는 학습과정 그 자체에 가치를 부여함. 과제의 숙달을 통해서 새로운 지식과 기술을 획득하려고 함.
2. 성취목표지향: 타인과의 상대적인 능력획득에 중점을 둠. 다른 사람보다 더 잘하거나 적은 노력으로 성공함으로써 자신의 우수한 능력을 입증하려고 함.
3. 수행회피지향: 타인과 비교해서 상대적인 무능력이 드러나는 것을 회피하는 것에 중점을 둠. 근본적으로 동기의 회피상태로서 실패에 대한 두려움에 기반을 두고 있음.

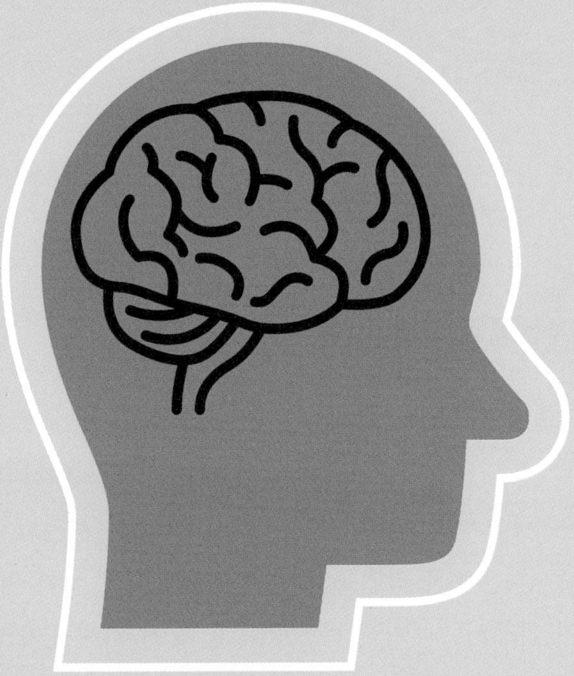

제2부

시냅스 러닝의 실제

목표 없는 공부는 맹목적이며, 공부 없는 목표는 공허하다.

손종호

CHAPTER

3 동기유발

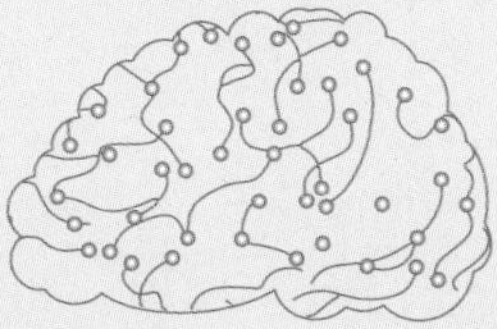

1 공부는 왜 하는가?

1. 나에게 중요한 것은 무엇인가?

매년 첫 수업시간에는 학생들에게 세 개의 질문을 던집니다. 첫 번째 질문은 "공부는 왜 하는가?"입니다. 그리고 학생들의 반응을 칠판에 적습니다. '좋은 직업을 가지기 위해서', '잘 살기 위해서', '꿈을 이루기 위해서', '내가 원하는 직업을 갖기 위해서'가 많이 나오는 대답입니다. 물론 '돈을 많이 벌기 위해서'라는 대답도 결코 빠지지 않습니다. 학생들의 말을 다 들은 후에는 맹자의 말씀을 인용[46]합니다. 그리고 학생들의 수준에 맞게 해석해 줍니다. "공부라는 것은 농부의 농기구와 같습니다. 그리고 군인의 무기와 같으며, 어부의 그물과 같습니다."[47] 그런 후 "맹자는 왜 공부를 농부의 농기구에 비유했을까?"라고 묻습니다. 그러면 학생들은 고민합니다. '공부는 목적을 이루기 위한 수단이기 때문에'라는 반응이 나오기도 합니다. 때로는 '유비무환(有備無患)'이라는 예상치 못한 대답도 나옵니다. 모두

46 맹자(2005). 맹자, 홍익출판사. 선비가 벼슬하는 것은 마치 농부가 밭갈이 하는 것과 같으니 농부가 국경 밖으로 나간다고 해서 어찌 쟁기와 보습을 버리고 가겠습니까? (「士之仕也 猶農夫之耕也 農夫豈爲出疆舍其耒耜哉?」 滕文公章句下 제3장)

47 인용 부분은 맹자의 글에 대한 저자의 부연설명이다.

맞는 말입니다. 공부는 자신의 목표를 달성하기 위한 수단인 동시에 미래를 위한 준비입니다.

두 번째 질문으로는 "학교를 졸업하고 미래에 무엇이 하고 싶은가?"를 묻습니다. 학생들은 '과학자'나 '기업가', '외교관', '교사', '공무원'이 되고 싶다고 얘기합니다. 그러나 그렇게 대답하는 학생들은 한 교실에 5~6명에서 많아도 10명 정도에 지나지 않습니다. 나머지 학생들은 꿈이 없습니다. 왜 꿈이 없느냐고 질문하면 오히려 '돈을 많이 벌어서 잘 살면 꿈이 없어도 되지 않느냐'고 반문하기도 합니다.

세 번째 질문은 "사람은 무엇을 위해 사는 것일까?"입니다. 학생들은 '꿈을 이루기 위해서', '잘 살기 위해서', '태어났으니 어쩔 수 없어서'라고 대답합니다. 때로는 '행복하기 위해서'라는 제가 원하는 대답이 나오기도 합니다.

이런 대답들이 나오면 첫 수업의 결론을 내릴 때가 된 것입니다. 그럼 첫 번째 질문이었던 '공부를 왜 해야 하는가?'라는 질문과 '행복'이라는 단어를 연결합니다. "사람은 누구나 행복하고 싶고, 행복하기를 원합니다. 그렇게 행복하기 위한 수단 중의 하나가 공부입니다." 그래서 첫 수업의 결론은 이것입니다. "자신의 행복을 위해 공부하고, 남을 돕기 위해 공부하라."

첫 수업을 마치면서 저는 항상 궁금합니다. '왜 학생들이 이런 질문을 부모나 교사에게 하지 않았을까?' 어릴 때는 세상에 대한 호기심이 엄청나게 크죠. 따라서 초등학교를 졸업하기 전까지 적어도 한 번 이상은 이런 궁금증을 가졌을 것입니다. 또 주위 어른에게 여쭈어보았을지도 모릅니다. 어린아이들은 궁금하면 직설적으로 질문하잖아요. "이렇게 힘든 공부를 왜 해야 하나요?" 그런데 아이들은 똑똑합니다. 부모가 이런 질문에 대답할 수 없거나 도리어 압력이 가해질 것이라고 판단되면 묻지 않습니다. 심지어는 부모님의 이런 대답이 날라들기도 한다고 합니다. "닥치고 공부나 해라."

그러나 인간은 호기심이 많습니다. 자신의 질문에 만족할만한 대답이나 결론이 생길 때까지는 결코 질문을 그만두지 않습니다. 그래서 인간을 '생각하는 동물'이라고 하지 않을까요? 당장은 눈앞의 시험과 숙제가 급해서 공부에 대한 궁금증을 해결하지 않은 채 그대로 둘 수도 있겠죠. 그러나 사춘기나 대학입시까지 잘 넘겨도 언젠가는 슬럼프에 빠지게 됩니다. 주위를 둘러보면 대학을 졸업하고 대기업에 입사한 후, 심지어는 결혼해서 가정을 가진 후에도 게임이나 도박, 알코올 중독에 빠지는 경우가 심심찮게 일어나고 있으니까요. 그래서 삶의 목적을 가지는 것과 공부의 목적을 깨닫는 것은 중요합니다.

인간을 성숙하게 만드는 것은 고통과 시련이다.
손종호

2. 나에게 중요한 것 찾아보기

1) 이름이 가진 의미는?

이름이 가진 의미를 통해 자신의 삶을 한번 돌이켜 볼까요? 자신이 태어났을 때 부모님께서 가졌던 기대가 어떠했을지 상상해 봅시다. 자신의 생활을 돌이켜 보는 시간을 한 번쯤 가져보는 것은 어떨까요? 그리고 자신의 이름이 나타내는 의미를 글과 그림으로 한번 표현해 보세요.

(1) 예시

① 이름 : 손 종 호 (孫 鍾 浩)

② 이름(한자)의 뜻: 鍾-쇠북 종, 浩-넓을 호

③ 이름을 지어주신 분: 증조부

④ 이름이 가진 의미:

쇠북 종소리가 넓은 곳에 울려 퍼진다.

(쇠 金이 항렬자로서 초등학교 4학년 때까지 살아 계셨던 증조부께서 지어주신 이름입니다. 부모님과 떨어져서 증조부모님과 함께 어린 시절을 보냈습니다. 어렸을 적 기억으로 농사를 지으시던 그분들의 일상적인 삶의 모습들이 때때로 떠오릅니다)

⑤ 그림 이미지:

두메산골의 조용한 아침, 드문드문한 집집마다 밥 짓는 연기가 낮게 깔리고, 새파란 안개가 태양에 밀려서 산 위로 밀려 올라가는 즈음, 멀리서 울리는 종소리가 여명을 뚫고 세상을 향해 깊고 넓게 울려 퍼지는 모습(그림 13).

그림 13 이름이 가진 이미지

⑥ 반성(지금의 나는 어떠하며, 나의 이름에 어울리게 살아가는가?): 빠르게 변화하는 생활 속에서 자신을 돌이켜보는 사람이 되기 위해 노력해야겠다.

(2) 적용

위와 같은 방식으로 자신의 이름을 소개하는 내용의 그림과 글을 작성해 보세요.

① 그림을 그려 자신의 이름이 가진 의미를 파악합니다. 지금의 생활을 돌이켜 본 후, 미래의 삶에 대한 생각을 정리해 보세요.
② 자신의 이름에 대해 큰 의미를 찾지 못하는 경우도 있습니다. 그런 경우라 할지라도 이름에 적극적이고 긍정적인 의미를 부여해 보세요.

(3) 내 이름이 가진 의미

① 이름

....

② 이름(한자)의 뜻

....

③ 이름을 지어주신 분

....

④ 이름이 가진 의미

....

⑤ 그림 이미지

⑥ 반성(지금의 나는 어떠한가요? 나의 이름에 어울리게 살아가고 있나요?):

2) 공부는 왜 해야 할까요?

(1) 나에게 있어 공부란 무엇일까요?

나는 공부를 (   )라고 생각합니다.

[이 유]

(2) 공부를 안 해도 되는 이유가 있다면 아래에 적어 볼까요?

(3) 공부를 해야 하는 이유는 무엇인가요?

부모님(선생님)이 생각하는 이유

(4) 삶의 목표

① 내가 살아가면서 하고 싶은 것들은?

....

② 내가 하고 싶은 것을 위해 갖추어야 할 것은?

....

③ 위의 ①과 ②는 학교 공부와 어떤 관계가 있는가?

....

(5) 나는 공부를 왜 해야 할까요?

3) 중요한 것 먼저 하기

요즘 학생들은 바쁘고 열심히 생활합니다. 학교수업, 창의적 체험활동, 사교육, 친구와의 교제, 운동, 채팅 등 매우 바쁩니다. 그것이 요즘 학생들의 현실과 생활입니다. 할 일은 많고 시간은 부족합니다. 이러한 문제를 해결하기 위해서는 중요한 것을 먼저 할 수 있어야 합니다. 우선순위를 정하고 시간을 관리해야 합니다. 중요한 것을 먼저 하는 것은 자신의 의지를 강화시킵니다. 즉 하고자 하는 의지(가장 중요한 것에 대해 "YES"라고 말할 수 있는 힘)와 하지 않고자 하는 의지(덜 중요한 일에 대해 "NO"라고 말할 수 있는 힘)를 구분할 수 있게 합니다.

시험이 내일인데 시험 전날 갑자기 깨닫고 놀란 적이 있나요? 그렇다면 앞으로 이러한 상황을 어떻게 피할 수 있을까요?

중요한 것을 먼저 하려면 계획을 세워야 합니다. 매일 하루의 계획을 세워보면서 시간을 낭비하는 일에 대해서는 "NO"라고 해보세요. 계획을 세우면서 '나에게 중요한 것'의 목록을 만들어 보세요.

(1) 지금 여러분에게 중요한 것은 무엇일까요? 아래 빈칸에 그것을 적어보세요.

(2) 지금 여러분에게 중요하지 않은 것은 무엇일까요? 아래 빈칸에 그것을 적어보세요.

(3) 나의 계획시간: 예를 들면, 매일 아침 7시

(4) 중요한 일의 우선순위 정하기: 매일 중요한 것을 먼저 할 시간을 가져보면 어떨까요?

사람은 누구나 하고 싶은 일을 할 때 행복하다.

손 종 호

3. 그것이 왜 중요한가?

우리는 살면서 많은 선택을 합니다. 자신이 다녀야 할 초등학교와 중학교, 고등학교를 선택해야 합니다. 가족과 함께 바깥에서 식사를 할 때는 메뉴를 선택해야 합니다. 영화를 볼 때는 좌석을 선택해야 하고 영화를 보면서 마실 음료수나 과자를 선택해야 합니다. 일상적으로 행해지는, 즉 먹고 마시는 것을 결정할 경우에는 어떤 것을 선택하든 문제가 생기지 않습니다. 살아가는 동안 계속 먹고 마셔야 할 테니까요. 그러나 두 번 다시 기회가 없을 것이라고 판단되는 선택과 결정은 깊이 생각해야 합니다.

저는 지금까지 살면서 몇 번에 걸쳐 중요한 결정을 내려야 했습니다. 첫 번째는 앞서 얘기했던 것처럼 대학입시 낙방 직후였습니다. 그래서 '무엇을 위해 살 것이며, 진로를 어떻게 할 것인가?'에 대해 깊이 고민했습니다. 대학입학을 위해 재도전하겠다고 결정한 후 재수하는 1년간은 공부 외에는 아무것도 생각하지 않았습니다. 그래서 이왕 공부를 시작할 바에는 제대로 해보자라고 생각했습니다. 솔직히 말하자면 저는 고등학교를 졸업할 때까지 학교수업이 끝난 후 교과서를 펼쳐 본 적이 없습니다. 제가 중학교를 다닐 때에는 고등학교 진학을 위해서는 '연합고사'라는 시험을 치러야 했습니다. 당시 기억으로 턱걸이로 겨우 인문계 고등학교에 들어갔습니다. 고등학교에서는 '우열반'이 있었는데 열등반에 계속 머물렀습니다. 고등학교 졸업 때 저의 학급석차는 58명 중 57등이었고, 내신등급은 9등급 중 8등급이었습니다.

두 번째 결정은 1988년부터 5년간 교사로 근무했던 학교를 그만둘 때였습니다. 당시 저는 3살 된 아이가 있는 한 가정의 가장이었습니다. 그래서 '공부를 위해 직장을 그만두고 수입도 없이 미국으로 가는 것이 과연 올바른 선택인가?'라는 고민이 따랐습니다. 이런 고민으로 잠도 오지 않았고 밥맛도 없었습니다. 거의 3개월 이상을 고민했습니다. 가족과 주위에서는 "왜 멀쩡한 직장을 그만두고 전공까지 바꾸려고 하느냐?", "영어도 못하면서 왜 미국까지 공부하러 가느냐?"라고 모두가 말렸습니다. 그러나 저는 교사 사직서를 제출했습니다. 그리고 미국에서 교육행정학 전공으로 박사학위를 받았습니다.

세 번째 결정은 근무하던 중학교 교감을 그만두고 교사로서 다시 시작할 때였습니다. 10년을 교감으로 근무하면서 날이 갈수록 보람과 만족보다는 회의가 들기 시작했습니다. 미국에서 배운 교육행정이론이 현실과는 많은 괴리가 있음을 알게 되었습니다. 그리고 현실적으로 한계에 부딪히는 일들이 점점 많아졌습니다. 미국 네브래스카 주립대학교에서 교육행정 수업과제로 공립 고등학교 교장과 인터뷰를 하였던 적이 있습니다. 저의 질문 중의 하나는 "본인이 교장으로 잘 하고 있는지 없는지 어떻게 스스로 판단하느냐?"였습니다. 그 질문에 교장은 "나는 매일 잠들기 전 그 날의 학교생활을 되돌아본다. 마음에 꺼림칙한 것이 없으면 내가 나에게 맡겨진 역할을 잘 한 것이다. 만약 그렇지 않으면 내 역할에 충실하지 못한 것으로 생각한다." 고 대답했습니다. 공자의 일일삼성(一日三省)[48] 과도 같은 맥락입니다. 그때는 그것이 어떤 의미인지 깊이 생각해보지 않았습니다. 어느 순간부터 학교의 관리자라는 직책을 통해서

---

48 일일삼성(一日三省)이란 하루의 일 세 가지를 살핀다는 뜻으로, 하루에 세 번씩 자신(自身)의 행동(行動)을 반성(反省)한다는 뜻이다.

오는 즐거움보다는 스트레스가 점점 많아졌습니다. 그러나 다행인 것은 관리자로 있으면서 어느 한 순간도 학생들을 가르치는 일을 그만 둔 적이 없었다는 것입니다. 교감이지만 교과수업을 담당했습니다. 대학교에서는 예비교사들을 위한 교직과목을 가르쳤습니다. 그래서 학생들을 가르치고 함께 부대끼며 생활하는 것이 제 적성에 맞다는 결정을 내리게 되었습니다.

지금 제 자신을 돌이켜보면 몇 차례에 걸친 인생의 오르막과 내리막 중 어느 한 순간도 힘들지 않은 적은 없습니다. 그러나 후회하지는 않습니다. 인생의 중요한 순간을 스스로 선택하고 결정하였기 때문입니다. 살다보면 누구나 자신이 원하든지 원치 않든지 삶에서 몇 번의 고비와 중요한 순간을 맞이하게 될 것입니다. 그런 순간에는 어떤 방향이든 결정을 내려야만 합니다. 저의 경우 그 선택과 결정의 기준은 '내가 원하는 것이 무엇이냐'와 함께 '내가 내린 선택과 결정에 대해서 스스로 책임을 질 것인가'하는 것입니다.

이 책의 첫 부분은 공부를 왜 해야 하는지 또는 삶의 목표가 뚜렷하지 않은 학생들을 위한 것입니다. 그런 학생들에게 자신의 공부와 삶의 목적을 찾을 수 있도록 돕기 위한 것입니다. 혹시 본인이 여기에 해당한다고 생각한다면 용기를 내어 자신의 걸음을 한발자국만 앞으로 내디뎌보면 어떨까요?

꿈이 없으면 평생 남의 꿈을 위해 살아야 한다.

손 종 호

2 무엇을 위해 공부해야 하는가?

1. 존경하는 인물이 있는가?

살아가면서 존경하는 인물이 있다는 것은 행복한 일입니다. 존경하는 인물 없이 삶의 목표를 구체적으로 세우기는 매우 힘듭니다. 왜냐하면 창조는 모방에서 비롯되기 때문입니다. 존경하는 인물의 삶을 본받으면서 자신의 목표를 달성해 가는 것이 가장 쉬운 방법입니다. 저에게는 그런 분이 이순신 장군입니다. 대학에서 역사를 전공할 때는 이순신 장군에 대해 깊이 알지 못했습니다. 1980년대에 일본을 두어 차례 방문할 기회가 있었는데 일본을 직접 가보고 나서야 일본이 왜 선진국이며 대단한 나라인가를 알 수 있었습니다. 1990년대에는 미국에 유학생으로 있으면서 일본의 혼다, 토요다, 닛산 자동차들이 미국의 빅3(포드, GM, 크라이슬러) 자동차의 판매량을 압도하는 것을 보았습니다. 그때 일본제품의 우수성을 깨닫게 되었습니다. 당시 소니 제품은 카메라와 TV의 대명사였습니다. 워크맨(휴대형 소형녹음기)은 오늘날 아이폰이나 갤럭시와 같은 존재였습니다.

그런데 이순신 장군은 1592년 임진왜란 당시 7년에 걸친 일본의 침략을 바다에서 막아내지 않았던가요? 33전 33승의 전적을 올리지 않았던가요? 더욱이 이순신 장군은 육군출신으로서 해군에 부임하여 승리를 거두었습니다. 조선정부의 지원 없이 군량까지도 스스로 해결하면서 그러한 승리를 만들어 냈던 것입니다. 이순신 장군은 전투 전에는 다가올 전투에 관련한 모든 사항을 점검하고 철저하게 준비했습니다. 그리고 싸워 이길 자신이 없으면 바다에 나가지 않았습니다. 임진왜란 중 "싸우러 나가라"는 선조의 명을 따르지 않았다는 죄목으로 3도수군통제사라는 관직을 뺏깁니다. 그리고 5개월간의 옥살이를 마친 후 백의종군(白衣從軍)[49]합니다. 그리고 얼마 후 지휘관으로 다시 복귀하였습니다. 그 때는 이미 원균이 칠천량 전투에서 자신이 공들여 일궈놓은 거북선을 비롯한 함선들과 조선 수군을 모두 잃어버린 뒤였습니다. 선조가 이순신 장군에게 수군 재건을 포기하고 육군으로 가라고 권유하였습니다. 이때 그는 "신에게는 아직 12척의 배가 남아 있습니다."라고 대답합니다. 지금은 유명한 그의 답변이 당시의 어려움을 말해줍니다. 그는 남은 12척의 배로 명량해전에서 130척의 일본수군과 맞서 싸워 30여척을 침몰시키는 승리를 거두게 됩니다.

김훈의 『칼의 노래』[50]에 보면 '목표가 없으면 전략을 세울 수 없다'고 했습니다. 목표가 세워져야 수단과 방법을 생각할 수 있다는 것입니다. 지극히 맞는 말입니다. 그래서 목표 없는 공부가 맹목적이라는 것이죠. 칭기즈 칸과 카이사르는 이순신 장군 다음으로 제가 존경하는 인물들입니다. 그러나 아직 존경하는 인물이 없다 하더라도 걱정할 필요는 없습니다. 목표가 세워지면 자연스럽게 그러한 인물을 발견할 수 있을 테니까요.

아는 것은 좋아하는 것만 같지 못하고
좋아하는 것은 즐기는 것만 같지 못하다.

공 자

---

49 백의종군(白衣從軍)이란 군인으로서 벼슬 없이 전쟁에 참여하는 것을 이르는 말이다.
50 김훈(2001). 칼의 노래, 문학동네.

2. 좋아하는 대상이 있는가?

저는 사실 공부에는 취미가 없었습니다. 공부 외의 취미활동을 좋아했습니다. 어느 한 분야를 깊이 있게 파고 든 것은 아니고 조금씩 즐기는 수준이었습니다. 초등학교 시절에는 스케이트, 중고등학교 시절에는 바둑, 대학에서는 당구, 대학원시절에는 볼링을 했습니다. 그리고 미국에서는 골프를 쳤습니다. 우리나라에 돌아와서 학교에 근무하면서 새로운 취미활동을 시작했습니다. 그것이 만년필입니다. 만년필에 관심을 가지게 된 것은 2001년 졸업선물로 받은 만년필이 계기가 되었습니다. 그때부터 조금씩 만년필의 매력에 빠져 들어가기 시작했습니다. 만년필 동호회에 가입한 후부터는 즐기는 수준이 아니라 공부하는 수준이 되었습니다. 만년필에 관한 영문서적을 번역해서 카페에 소개하였습니다. 동호회 회원과 모임(정모, 번개)에 참여하기 위해 서울과 부산, 대전, 원주, 여수 등 전국을 돌아다녔습니다. 심지어 2006년에는 온라인상에 카페(동호회)를 직접 만들었습니다. 현재 회원 수는 2만여 명에 이릅니다. 이곳 회원들은 교수, 교사, 판사, 한의사, 의사, 사업가, 소설가, 만화가, 음악가, 사진작가, 가죽공예가, 학생 등 다양한 직업을 가지고 있습니다. 연령은 20대에서 70대에 이르기까지 다양합니다. 이들과의 만남은 항상 새로운 지식을 배우고 경험하는 계기가 되었습니다. 심지어 회원 중에는 미국, 영국, 홍콩 등지에 살고 있는 해외교민 또는 유학생들도 있었습니다. 그래서 미국, 영국, 홍콩 등 해외에 거주하는 회원이 정모를 위해 한국을 방문하기도 하고, 해외에서 모임을 가지기도 했습니다.

저는 술도 마시지 않고 담배도 피우지 않습니다. 그러나 정기모임(정모)에서 회원들과 만나면 PC방이나 찜질방, 카페, 음식점, 술집을 가리지 않고 이야기로 밤을 새웁니다. 오죽했으면 가족들이 '만년필 폐인'이라고까지 할 정도였을까요? 에피소드도 있습니다. 카페회원끼리는 서로 닉네임으로 부릅니다. 닉네임은 대부분 자신이 선호하는 단어를 선택합니다. 어떤 짓궂은 회원은 아버, 어머, 형으로 닉네임을 사용합니다. 그러면 때로는 상대방의 닉네임을 부르기가 곤란합니다. 닉네임 뒤에 '~님'을 붙여보면 알 수 있죠. 저는 내성적인 성격입니다. 그러나 만년필동호회 활동을 하면서 처음 만나는 사람과도 스스럼없이 얘기할 수 있게 되었습니다. 왜냐하면 우리에게는 서로가 좋아하는 만년필이라는 공통적인 주제가 있었으니까요.

여러분 주위를 살펴보세요. 제 주위에는 프라 모델, 피규어, 인형 수집부터 시작해서 다양한 취미활동을 즐기는 사람들이 많습니다. 심지어 자물쇠를 수집하는 미국인 친구도 있었습니다. 그 친구는 이사할 때가 가장 힘들다고 합니다. 열쇠는 무겁고 부피가 많이 나가니까요. 그런 취미를 '어떻게'해서 좋아하게 되었는지, '어떤 점'이 좋은지를 물어보세요. 그리고 여러분도 그런 대상을 찾아서 빠져 들어가 보세요. 새로운 세계가 열리게 될 것입니다. 그래서 여러분에게도 권하고 싶습니다. 하나의 대상에 미쳐보세요. 자신이 좋아하면 어떤 힘듦도 어려움도 힘들지 않습니다. 재미있으니까요. 즐거우니까요. 그것이 몰입이겠죠.

존경하는 인물이나 좋아하는 대상이 있습니까? 그렇다면 다음의 글을 읽으면서 자신의 목표를 만들어 가보세요. 만약 어느 것도 없다하더라도 걱정하지 마세요. 생활하다보면 존경하는 사람이나 좋아할만한 대상이 나타날 것입니다. 아니면 이제부터라도 적극적으로 찾아보면 되지 않을까요?

폭풍이 불어올 때 지혜로운 사람은
폭풍을 두려워하지 않게 해달라고 기도한다.
랠프 왈도 에머슨

3. 조언해 줄 사람이 있는가?

우리는 때때로 자기 혼자만의 힘으로는 감당하기 어려운 문제가 생깁니다. 그럴 때 도움을 요청하거나 조언해 줄 사람이 있다는 것은 감사한 일입니다. 유대인 사회에서는 그런 사람을 랍비(Rabbi)라고 합니다. 자기 스스로 해결하기 어려운 문제가 생기면 랍비를 찾아가서 도움을 요청하고 지혜를 구합니다. 현대사회에서는 그런 역할을 하는 사람을 코치(coach), 멘토(mentor)라고 합니다.

저는 대학을 마치고 대학원 석사과정에서 지도교수와의 갈등으로 9학기 만에 졸업하였습니다. 평균 2년 내지 3년 정도 걸리는 대학원과정을 4년 6개월 만에 겨우 마무리했습니다. 당시는 복사기(copy machine)가 없던 시절입니다. 제가 밤을 새워 원고지에 자필로 논문을 작성해 가면 지도교수는 제대로 읽어보지도 않았습니다. 저의 논문을 책상 위로 던지면서 "이러저러하게 고쳐와" 그것이 논문지도의 끝이었습니다. 그런 과정이 1년간 지속되었습니다. 얼마나 울화가 치밀었든지 '지도교수의 책상을 엎어버리고 공부를 때려치울까' 라는 생각을 몇 번이나 했는지 모릅니다. 결국 지도교수는 마지막 학기(9학기), 그것도 논문 제출 마감일에 논문을 승인해 주었습니다.

저는 미국 네브래스카 주립대학교에서 마일즈 브라이언 교수(Dr. Miles Bryant)를 만나게 되었습니다. 저에게 박사과정 입학허가서와 제가 학위를 받는 마지막 순간까지 저를 지도해 주셨던 분입니다. 브라이언 교수와 처음 인터뷰를 할 때가 아직도 생각납니다. 당시 저의 영어실력은 일상적인 대화수준에 불과했습니다. 저는 두려웠습니다. 영어도 짧은데다가 대학원시절의 악몽(?)이 되살아났기 때문입니다. 그래서 부끄러운 얘기지만 지도교수와 인터뷰할 때 그 학교에서 박사과정을 밟고 있는 한국인 학생에게 부탁하여 동행했습니다. 그러나 브라이언 교수는 흔쾌히 저의 입학을 허락해 주었습니다. 로스앤젤레스(L.A.)에서 네브래스카 주의 링컨(Lincoln)으로 이사한 후 브라이언 교수를 다시 찾아갔습니다. 그때 지도교수는 당시 5살이던 제 아이의 유치원을 그 자리에서 알아봐 주셨습니다. 그리고 유치원에 직접 전화하셔서 입학시켜주셨습니다. 제가 학업에서 어려움에 부딪힐 때마다 격려해주시고 조언해 주셨습니다. 그는 유태인이었습니다. 그러나 이방인과 같은 제 가족을 금요일 자기 집 식사에 초대하여 유태인 음식을 함께 먹고 나누기도 했습니다. 제 아이에게 읽을 책을 사주기도 하셨습니다. 그와 함께 비교문화연구를 위해 네브래스카 주립교도소를 방문하기도 했고 인디언보호구역 선댄스(Sundance)축제연구를 위해 다른 박사과정 학생들과 함께 사우스 다코타(South Dakota)로 2박3일간의 텐트여행을 떠나기도 하였습니다. 저는 박사학위과정에서 수업 중 어려움이 생길 때마다 브라이언 교수에게 고충을 털어놓았고, 그는 그때마다 적절한 충고와 조언으로, 때로는 직접 해결방법을 모색해주었습니다.

특히 박사학위의 최종관문인 졸업논문이 통과되던 날을 잊을 수가 없습니다. 그날 저녁에 저에게 만찬을 사주셨습니다. 그동안 자기 밑에서 공부하느라 고생했다고 격려해 주셨습니다. 제가 일정상 박사학위 졸업식에는 참가할 수가 없을 것 같다고 말하자 그는 다음날 자기 집에 초대하였습니다. 그리고 그의 집에서 그는 졸업식에서 입는 교수가운을 입고 "이게 너의 졸업식이다"라고 하면서 부인과 함께 축하해 주었습니다. 저의 지도교수였던 브라이언 교수는 저에게는 진정한 코치(coach)이자 멘토(mentor)였습니다.

1) 동기 부여하기

동기(motivation)는 두 종류로 나뉩니다. 내부적 동기와 외부적 동기입니다. 내부적 동기는 자신의 의지와 관련해서 생겨납니다. 예를 들면, 컴퓨터를 좋아한다고 하죠. 그러면 컴퓨터에 대해 공부할 것이고 그와 관련된 일이나 직업을 가지고 싶을 것입니다. 따라서 컴퓨터와 연관된 직업에는 무엇이 있는가를 조사하겠죠. 컴퓨터를 다루는 직업과 관련된 자격증을 따려면 컴퓨터학원을 다녀야 할 것이고요. 그렇게 조금씩 준비해서 자격증시험을 치를 것입니다.

외부적 동기는 자신의 의지와 관련 없는 타율적인 의지를 의미합니다. 가장 대표적인 예가 부모의 강압이나 압력입니다. 자신이 좋아하는 취미나 하고자하는 일과 관계없이 의대를 진학하라고 하거나 공무원이 되라고 하거나 공부해서 성적이 올라가면 그 대가로 원하는 무엇인가를 해준다는 식의 접근방식입니다. 저는 초등학교 6학년 여학생이 항상 모자를 쓰고 생활하는 것을 본 적이 있습니다. 이유를 알아보니 원형탈모 때문이었습니다. 부모의 공부압력에 대한 스트레스로 인해 원형탈모가 생겼던 것이죠.

내부적 동기는 자발적이므로 스트레스가 별로 없죠. 스트레스가 발생한다 하더라도 자신의 의지로 이겨낼 수 있습니다. 그러다가 자신의 역량으로는 목표를 달성하기가 너무 어렵다고 판단되거나 생각이 바뀌면 그만둘 수도 있습니다. 즉 스스로 하고 싶고 좋아서 하는 것입니다. 그래서 지속적이고 장기 계획이 가능합니다.

그와 반대로 외부적 동기는 자신이 하고 싶은 것과는 관련이 없습니다. 좋아서 하는 것도 아닙니다. 부모님이 시키니까, 해야 하니까 억지로 하는 것이죠. 그래서 강요에 의해 단기적으로만 열심히 합니다. 싫더라도 그만둘 수가 없죠. 그래서 스트레스가 쌓이는 것입니다. 자신의 목표 또는 진로는 내부적 동기가 유발될 수 있도록 해야 합니다. 그래야만 장기적이고 지속적으로 목표를 향해 계획을 추진해 갈 수 있습니다.

음식을 만들려면 재료와 함께 요리법을 알아야 합니다. 글을 쓰려면 주제를 잡아야 합니다. 건물을 지으려면 설계도를 만들어야 합니다. 이제 여러분 자신에 대해 생각해 볼까요?

나는 아직 젊고 자유롭다.
내 앞에는 많은 기회가 펼쳐져 있다.
나는 인생의 갈림길에서 어느 길로 가야 할지 결정해야 한다.
오늘 내가 선택한 길은 인생을 좌우할 수 있다.

선택의 갈림길에서 잊지 말아야 할 것이 있습니다. 삶의 변화를 주도적으로 이끌어 가지 못하면 환경에 끌려가야 한다는 것입니다. 윌리엄 어네스트 헨리는 「인빅터스(Invictus)」에서 "나는 내 영혼의 선장이다"라고 했습니다. 자신의 운명을 스스로 선택하지 못한다면 다른 사람에 의해 통제당할 것입니다. 당신은 어떤 길을 선택하겠습니까?

(1) 그에게 무엇을 물어 보고 싶은가요?

세상을 살다 간 한 위인 또는 영웅과 하루 동안 함께 할 수 있다면 어떤 사람과 같이 있고 싶나요? 왜 그 사람을 선택했나요?

....

....

(2) 자신이 진짜 관심이 있는 것이 무엇인가요?

살면서 정말로 하고 싶은 것 3가지만 적어 보세요.

①
....

②
....

③
....

(3) 여러분의 목표는 무엇인가요?

....

....

2) 목적과 방향 설정

여기서는 자신의 미래상을 그려보고 그 실현 가능성에 대해 기록해 봅시다.

(1) 자신의 미래상을 그려보기 위해 '환상의 타임머신'을 타고 여행을 떠나볼까요?

10년 후 여러분은 어떤 모습일까요? 그때 여러분은 대학교를 갓 졸업하고 사회생활을 하거나 취업을 했거나 아니면 결혼을 했을 수도 있습니다. 그럼 지금부터 타임머신을 타고 10년 후로 가볼까요? 지금 여러분은 환상의 타임머신에 승차하였습니다. 자, 이제 출발합시다.

오늘은 10년 후인 20××년 수요일. 여러분은 이제 막 잠자리에서 일어났습니다.

① 아침식사는 누구랑 어떻게 했나요?
② 집을 나서다 잠깐 돌아서서 집을 봅니다. 집모양은 어떠한가요?
③ 주변 경치는 어떠한가요?
④ 집을 나갈 때 교통수단은 무엇을 이용합니까?
⑤ 목적지에 도착했습니다. 그곳은 어디인가요?
⑥ 누구랑 무엇을 했나요?
⑦ 점심은 무엇을 먹나요?
⑧ 볼일을 마쳤습니다. 어디서 무엇을 하나요?
⑨ 집에 도착했습니다. 몇 시인가요?
⑩ 누가 당신을 맞아 주나요?
⑪ 잠자리에 들면서 무엇을 생각하고 느끼는가요?

이제 여러분의 여행은 끝났습니다. 현실로 다시 돌아왔습니다.
위 내용은 10년 후의 하루를 환상해 본 것입니다. 그 하루의 생활 중에서 가장 기억에 남는 장면 하나를 그려봅시다.

(2) 10년 후 자신의 모습을 그려 봅니다.

① 자신이 그린 그림에 대한 설명을 작성합니다.

예시 한 여자가 서점에 서 있다(그림 14).

나는 초등학교 교사이다. 학교 수업을 다 마치고 나는 지금 서점에 와 있다. 우리 반 아이들에게 권해 줄만한 책을 고르는 중이다. 이 책을 읽고 즐거워할 아이들의 웃는 모습이 눈에 선하다.

그림 14 10년 후 자신의 모습: 초등학교 교사

예시 한 사람이 노래방에서 노래를 부르고 있다(그림 15).

나는 법관이다. 오늘은 힘든 재판이 있었다. 살인사건의 용의자에게 무기징역을 선고했기 때문이다. 인간이 인간을 가두어 두는 것이 옳은지 그른지 회의가 생겨서 오늘은 친구 판사들과 함께 술을 마시며 이야기하다가 도저히 스트레스를 풀길이 없어서 노래방까지 오게 되었다.

그림 15 10년 후 자신의 모습: 법관

② 자신이 그린 그림의 내용이 얼마나 실현 가능하며 그렇게 되려면 어떤 과정을 밟아야 하는지도 작성해 봅시다.

예시 초등학교 교사

나는 OO중을 졸업하고 인문계 고등학교에 진학한 후 열심히 공부해서 교사 자격증을 받을 수 있는 대학교로 진학한 후 교사가 될 것이다. 초등학교에서 수업을 하려면 피아노도 미술도 영어도 어떤 과목이든 잘 가르칠 수 있어야 하니까 지금부터 그런 여러 가지 과목에 신경을 써서 더 열심히 공부해야겠다.

예시 헤어디자이너

나는 공부에 자신이 없다. 그래서 OO중을 졸업하고 실업계 고등학교에 진학할 것이다. 그 후엔 바로 미용학원에서 수련과정을 거친 후 일본에 유학을 다녀온 후 세계적인 헤어디자이너가 될 것이다.

(3) 10년 후 자신의 모습을 그려보세요.

(4) 이런 모습이 되려면 어떤 준비를 해야 할까? 생각한 후 적어보세요.

3) 나의 하루 살펴보기

지영이의 하루 (예시)

따르르릉－－－

지영이 눈을 뜨며 시계를 보니 오늘도 여섯시 반. 라디오에서 흘러나오는 음악을 들으며 오늘 있을 재미있는 일들을 생각해 본다. 아침에 짝 수현과 이런 저런 이야기를 해야지. 히히, 영어선생님의 얼굴이 떠오른다. 휴~, 그리고 지겨운 수학과 과학시간도, 하지만 잘 버텨봐야지 다짐해 본다.

깔끔한 모습으로 집을 나서는 지영에게 엄마는 오늘도 역시 환한 미소를 지으신다.

여덟시, 드디어 학교 도착. 수업시작 전 짝꿍 수현과 그저께 본 'TV냥'에 대해 잠시 재잘거린다. '역시 좋은 내 친구~'

오늘따라 산뜻한 옷차림으로 등장하신 영어선생님이 '여러분, 발음이 좋군' 하신다. 웬지 내 기분도 좋아지는군. 수학, 그리고 물리시간 좀 썰렁~

수현과 나는 눈을 찡긋거렸다. '아~잠시 잡생각도 나고 졸음도 오는구나'

이때 마음속에서 들려오는 소리, '일어나! 이 시간도 최선을 다해야지.'

지영은 어깨에 힘을 빼고 허리와 엉덩이를 의자에 바짝 붙이고 상체를 적당히 구부려서 선생님을 뚫어지게 바라보면서 귀를 쫑긋 세운다.

'아! 아, 그 말이었어. 이제 좀 들리는군, 역시 하면 돼.'

수업을 잘 마치고 집에 오니 다섯시 반, 학원가기 전까지 두 시간이 남았다.

'어떻게 할까, 슬슬 배가 고픈데, 일단 먹고, 잠시 음악을 듣고, TV프로라도'

좋아하는 미드 <CSI>를 보려는 순간, 옆 눈으로 흘겨보시는 엄마의 모습이 들어온다. "엄마, 이 프로는 꼭 보고 싶어요. 학원가기 전까지만 볼께요." 결국 <CSI>를 보는데 성공! 일곱시 반, 학원으로, 학원으로.. 아~함, 피곤이 몰려오지만 나의 단기목표는 무엇이었던가.

'지영아, 힘을 내, 으! 으!'

아홉시 사십 분, 두 번째 귀가. '이제부터는 나를 위한 시간이야!'

FM라디오의 볼륨을 높인다. 잠자리에 누워 잡지를 보며 좋아하는 음악을 듣고 있자니 어느새 열두시.

아~ 한 페이지만 더 보고 싶지만 과감히 덮고 꿈나라로

광수의 하루 (예시)

"안 일어날래? 학교 가야지!!" 오늘도 어김없이 엄마의 하이 소프라노 목소리가 광수를 깨운다.

'5분만, 5분만... ' 아~웅.. 찌뿌듯한 기분.

시계를 보니 "으악! 일곱시 반!!" 허겁지겁, 헐레벌떡.. 교문 앞 100미터 전

수업시작 종은 이미 울리고.. 아우, 오늘도 또 지각이다. '야, 이 형편없는 놈아!'를 외치며 째려보는 선생님의 눈초리와 뒤통수를 슬쩍 치며 "아 정신 차려" 속삭이는 짝꿍 동길이. '아, 오늘도 역시 투쟁의 하루구만, 어떻게 보내냐' 한숨만 나온다. 수학, 과학, 영어, 국어, 음악, 체육...하나도 마음에 드는 게 없다.

수학시간에도 꾸벅, 영어시간에도 꾸벅, 기어코 국어시간에는 졸다가 야단맞았다. '아 나는 언제나 학교를 떠날 수 있으랴... 언제쯤 영원한 자유인이 될 수 있을까?'

집에 오니 여섯시. 빨리 밥 먹고 학원가라는 엄마의 성화. 집에서 개기고 싶은 나의 마음. 그러나 엄마의 따가운 눈초리에 말 한마디 못하고, <골뱅이>도 못 보고 어기적 어기적거리며 학원으로 걸어간다.

아홉시 오십 분, 두 번째 귀가. '음. 이제 슬-슬 기운이 나는데~. 이제 공부도 좀 하고 음악도 듣고 TV도 보고... 그래, 열심히 하는 거야' 영어책만 뒤적뒤적, 또 다시 쏟아지는 졸음. '에이, 잘되나 싶더니 별로잖아, 오늘따라 TV프로는 왜 이리 재미가 없지. 음악이나 듣자.'

결국 광수는 얼렁뚱땅 꿈나라로~~

앞의 지영과 광수의 하루를 지켜보면서 어떤 느낌이 들었나요? 지영과 광수는 어떤 아이인지 생각해봅시다.

지영은 어떤 아이일까요?	광수는 어떤 아이일까요?

오늘 여러분의 하루는 어땠나요?
둘 중 누구와 더 비슷하다고 느끼나요?
왜 그렇게 생각하는지 아래에 적어보세요.

사람이 바라는 것은 아이를 잘 키우는 것,
사랑하는 사람과 재미나게 사는 것이다.
휠러, Lonely Planet의 저자

3 꿈을 어떻게 이룰까?

1. 바람직한 삶이란 무엇인가?

저는 바람직한 삶이란 자신이 추구하는 삶의 목표를 성취하는 것이라고 생각했습니다. 제가 학교 다니던 시절에는 머리를 짧게 깎아야 했습니다. 검은색 교복에 검은색 모자도 써야만 했습니다. 엄격한 교칙과 야간 자율학습, 체벌 등 학교의 그러한 구속들이 싫었습니다. 그래서 제 삶의 목표는 자유를 추구하는 것이었습니다. 그래서 저는 학교에 근무하면서 [개인사명서]를 작성하였습니다.

자유에 대한 소망

2002. 1. 1.

흔들리지 않는 믿음과 확고한 신념 위에서,
정의와 진리를 추구하며,
나에게 주어진 일을 감당할 수 있는 지혜와,
불의에 대항할 수 있는 용기를,
그리고 절제하는 삶을 통하여
주위의 어려운 사람들을 돌볼 수 있는 따뜻한 마음을 주소서.
한 알의 썩는 밀알이 되게 하시고,
나를 미워하는 자들을 사랑하게 하시며,
정직과 공평으로 사람들을 대하게 하소서.
그러나 무엇보다도 이 세상 모든 것들로부터 자유롭게 하소서.

[개인사명서]를 작성한지도 벌써 십여 년이 흘렀습니다. 돌이켜 보면 그동안 저의 삶에 많은 일들이 일어났습니다. 다행인 것은 스스로 다짐한 내용에서 벗어나지 않으려고 노력했다는 점입니다. 자신의 정치적 신념을 굽히지 않기 위해 28년간 감옥생활을 한 남아프리카 공화국 넬슨 만델라의 경우는 어쩌면 해피엔딩에 속할 것입니다. 누구에게나 인생을 살아가다 보면 아픔이 생기고 시련이 발생합니다. 저에게 있어서 바람직한 삶은 자신에게 닥치는 인생의 혹독한 시련을 참고 견디면서 꿋꿋이 살아가는 것입니다.

여러분은 어떠한가요?

마더 테레사는 <그럼에도 불구하고>라는 글속에서 이렇게 얘기합니다.

그럼에도 불구하고

(생략)

당신이 정직하고 솔직하면 상처받기 쉬울 것이다.
그럼에도 불구하고 정직하고 솔직하라.
당신이 몇 년을 걸려 세운 것이 하룻밤사이에 무너질 수도 있다.
그럼에도 불구하고 다시 일으켜 세우라.
당신의 가장 최고의 것을 세상과 나누어라. 언제나 부족해 보일지라도...
그럼에도 불구하고 최고의 것을 세상에 주어라.

(생략)

나는 교육자이고 나의 의무는 봉사에 있다.

손종호

2. 어떤 일을 하고 싶은가?

저는 대학원을 다니던 중 결혼을 하게 되었습니다. 학생이지만 가장으로서 가정을 책임지기 위해 학교에 지원서를 제출하였습니다. 그래서 근무하게 된 곳은 산업체고등학교[51]였습니다. 1987년 제가 근무하게 된 산업체고등학교 교사들은 오후 4시에 출근해서 9시까지 근무하였습니다. 이것이 저에게는 오전에는 논문을 작성하고 오후에는 교사로서 근무할 수 있어서 안성맞춤이었습니다.

당시 대구는 섬유공업이 활발한 도시였습니다. 산업체고등학

51 산업체고등학교란 중학교를 졸업한 후 여러 가지 형편상 고등학교에 진학하지 못하고 취업한 사람들을 위해 직장에 다니면서 고등학교를 졸업할 수 있는 제도이다.

교 학생들은 모두가 섬유공장 기숙사에서 하루에 8시간씩 3교대로 일주일씩 순환근무하면서 학교를 다녔습니다. 그리고 오후 근무(14:00~22:00)로 편성될 때는 학교에 등교할 수 없었습니다. 왜냐하면 오후 근무시간이 학교의 수업시간과 겹치기 때문이었습니다. 당시 산업체고등학교에는 한 반에 70명 정도의 입학생이 배정되었습니다. 그러나 1학년을 마칠 때가 되면 30명이 채 남지 않았습니다. 섬유공장에서 야간근무(22:00~06:00)나 오전근무(06:00~14:00) 후 16:00에 학교에 등교해서 21:00까지 3년간 공부한다는 것은 매우 힘든 일이었기 때문입니다.

첫 해부터 담임을 맡았는데 그때 제 나이가 20대 후반이었습니다. 제가 맡은 반에서 나이가 가장 많은 학생은 25세였습니다. 나이가 가장 많은 그 학생이 학급실장이 되었습니다. 입학 후 2개월쯤 지나 종례를 하러 가니 학급실장이 눈물을 펑펑 쏟고 있었습니다. 종례를 마친 후 물어봐도 눈물만 흘릴 뿐이었습니다. 다음 날 학생들에게 사정을 들어보니 자기보다 어린 교사(당시 교사 중 나이가 가장 젊은 교사는 23세였습니다)에게 학급 청소문제로 한참을 혼났다는 것입니다. 마음이 아팠지만 제가 해결해 줄 수 있는 방법이 없었습니다. 결국 학급실장은 그 사건이 발생한 지 얼마 지나지 않아 학교를 그만두었습니다. 그런 여러 사정으로 인해 학생들이 학교를 그만두었습니다.

이 시기에는 가정방문이 있었습니다. 산업체교사의 가정방문 대상은 학생들이 근무하는 섬유공장이었습니다. 공장방문을 하면 산업체고등학교에 다니면서 근무가 너무 힘들어 병에 걸려 병원에 입원한 얘기, 어린 나이에 가족과 동생들을 책임지는 소녀가장의 얘기, 월급날이면 월급봉투를 받아가기 위해 공장 밖에 서있는 몰염치한 부모얘기 등 가슴 아픈 사연들이 많았습니다. 그러나 그 힘든 와중에서도 어떤 학생들은 산업체 고등학교를 졸업한 후 4년제나 2년제 대학에 들어가기도 하였습니다. 그 학생들에게는 단지 공부할 수 있는 조건이나 환경이 제대로 주어지지 않았던 것뿐이죠.

산업체고등학교에 근무한지 3년이 지나면서 눈이 뜨이기 시작했습니다. 학생들이 보이기 시작한 것입니다. 그래서 생일을 맞이한 학생들을 위해 매달 케이크를 사서 생일파티를 열어주었습니다. 여름방학과 겨울방학기간 중에는 제가 담당하였던 반 학생 한 명 한 명에게 자필편지를 보냈습니다. 소풍이나 학교행사가 있으면 열심히 가사를 외워서 노래도 불러주고 격려해 주었습니다. 그래서 그해에는 1학년 70명 중 40명 이상이 2학년으로 진학하였습니다. 그때가 교사로서 가장 보람 있던 때였습니다. 그런 와중에 문득 '한 학급의 학생들보다는 한 학교의 모든 학생들이 즐겁고 행복하면 좋지 않을까' 라는 생각이 들었습니다. 어떻게 하면 그렇게 할 수 있을까란 고민 끝에 교육학에 교육행정이란 과목이 있음을 알게 되었습니다. 그것이 제가 전공을 바꾸고 미국으로 유학을 가게 된 계기가 되었습니다.

돌이켜 보면 그때부터 어떤 형태로든 학생들을 가르쳐 왔습니다. 미국 로스앤젤레스(L.A.)에서는 한인교회 주일학교 청년부 교사를 맡았습니다. 청년부에는 조기유학생도 있었고 한인교포의 자녀들[52]도 있었습니다. 조기 유학생들은 부모의 품을 떠나 외로워서 방황하거

---

52 한인교포의 자녀들을 1.5세 또는 2세라고 불렀는데, 1.5세는 어릴 때 부모를 따라 미국에 이민 온 자녀들이고, 2세는 미국에서 태어난 자녀들을 말한다.

나, 방탕한 생활을 하거나, 심지어 마약에 손대기도 하였습니다. 한인교포의 자녀들은 정체성(identity) 형성에 심한 혼란을 겪고 있었습니다. 이를테면 한인교포 자녀들은 개인생활에서는 인권을 존중하고 간섭받지 않는 미국적 사고방식을 적용하였습니다. 그러나 경제생활에서는 대학까지 등록금을 부모에게 지원받는 한국적 사고방식을 적용하였습니다. 이민1세 부모들은 먹고살기 바빠서 자녀들의 고민을 들어줄 시간이 없었습니다. 그리고 언어적 한계와 문화적 장벽으로 자녀들이 학교에서 겪고 있는 상황과 고민을 이해할 수도 없었습니다. 한인 교포자녀들은 가정과 학교생활에서 많은 혼란을 겪으면서 자신과 비슷한 환경에 있는 교포학생들과 어울렸습니다. 그러나 조기유학생과 이민1.5세(어릴 때 부모를 따라 미국으로 이민 온 한국인)와 이민2세(미국에서 태어나고 자란 한국인)는 물과 기름처럼 서로 융화되지 못하였습니다. 안타까운 상황이었지만 도와줄 수 있는 방법이 없었습니다.

학교가 결정된 후 네브래스카 주의 링컨(Lincoln)에서도 학생들을 가르쳤습니다. 링컨은 인구 20만 정도의 주도입니다. 한인교포와 유학생을 모두 합쳐봐야 300명 정도에 지나지 않는 소규모 한인공동체였습니다. 링컨교회는 한인교회였습니다. 네브래스카 주립대학교(UNL)를 다니는 한인 유학생들은 유학생이 겪을 수밖에 없는 언어적 한계, 학비문제, 이성교제 문제 등으로 힘들어했습니다. 그래서 저는 링컨한인교회에 경제적 지원을 요청하였습니다. 네브래스카 주립대학교 캠퍼스 내 공간을 빌려 일주일에 한 번씩 브라운백미팅(brown back meeting)을 하였습니다. 링컨한인교회의 지원금으로 점심을 같이 먹으며 유학생활의 어려움을 나누었습니다. 주말에는 결혼하지 않은 유학생들을 집에 초대해서 김치찌개, 된장찌개와 같은 한국음식을 나누었습니다. 1998년에는 링컨한인학생회 회장으로 선출되었습니다. 링컨한인학생회 홈페이지를 처음으로 만들어 한인유학생들의 정착을 도왔고 연말이 되면 유학생 자녀들을 데리고 요양원을 방문하였습니다. 요양원의 미국할아버지와 할머니를 위해 위문공연을 하였습니다. 학교에서는 지도교수인 브라이언 교수가 만들고 계획한 프로그램(ISITS)[53]에 가입하였습니다. 그러던 중 링컨에 한국에서 입양된 아이들이 있음을 알게 되었습니다. 그래서 한국아이를 입양한 미국인 양부모들에게 연락한 후 그들이 원하면 그 가정을 방문했습니다. 입양된 한국아이들에게는 한복을 입은 작은 인형이나 한국의 전통무늬가 새겨져 있는 열쇠고리와 같은 선물을 주었습니다. 그리고 그들의 뿌리가 어디인지를 알게 하였습니다.

돌이켜 보면, 그러한 활동들은 현재 학교에서 행해지고 있는 창의적 체험활동 중 봉사활동에 해당됩니다. 그런 봉사활동들을 하면서 조금씩 제가 한국인이라는 것에 대해 자랑스러움과 보람을 느끼게 되었습니다. 그리고 남에게 베푸는 것보다 제가 얻는 것이 더 많음을 알게 되었습니다. 저는 교사란 가르치는 직업이지만 그 의무는 봉사에 있다고 생각합니다. 저도 언젠가는 교직생활을 그만두게 되겠죠. 그렇다 하더라도 저는 건강이 허락할 때까지 즐겁게 봉사할 수 있는 곳을 찾아다닐 것 같습니다.

---

53 ISITS는 네브래스카 주립대학교 사범대학에서 실시한 프로그램으로서 링컨 내의 공립초등학생과 중학생에게 아시아의 문화 소개를 소개하는 교육홍보 프로그램이다.

1) 목표를 정하고 미래를 그려보라

성공하는 사람들은 자신이 중요하다고 생각되는 일을 먼저 합니다. 학생들에게 있어 가장 급한 것은 공부입니다. 그러나 사실은 삶의 목표를 정하는 것이 더 중요합니다. 그러므로 목표를 정할 때 생각을 정리하고 깊이 명상해 보세요.

(1) 중요한 것을 발견한다.

여러분이 살아가면서 할 수 있는 것들은 많이 있습니다. 하지만 무엇이 정말 중요한가요? 여러분에게 가장 가치 있는 것은 무엇인가요? 가까운 것에서부터 찾아볼까요?

나의 인생에서 가장 중요한 것은 무엇인가?

예시 가족, 친구, 좋은 성적, 독립심, 대학진학, 다니고 싶은 직장을 찾는 것 등

…………………………………………………………………………………………

…………………………………………………………………………………………

(2) 목표를 정한다.

이제 나에게 중요한 것이 무엇인가를 알았습니다. 그렇다면 목표를 정하세요. 단기적 목표와 장기적 목표를 정한 다음 공부를 하는 것이 더 효과적입니다.

나는 어떤 분야나 직업에 관심이 있는가?

예시 12월까지 어느 학교에 진학할지 결정하겠다.
2월까지 하고 싶은 직업을 선택하겠다.

…………………………………………………………………………………………

…………………………………………………………………………………………

(3) 실행과정을 도표화한다.

이제 실행과정으로 들어가 볼까요? 매주 자신의 목표를 생각하세요. 그리고 스스로에게 물어보세요. 목표에 한발 더 다가서기 위해 이번 주에는 무엇을 할 것인지... 그리고 나의 꿈을 이루기 위해 무엇을 배워야 할지...

....

....

(4) 일일 계획을 세운다.

실행하지 않으면 아무 것도 시작되지 않습니다. 일일 계획을 꼼꼼하게 세워보세요. 그래서 자신의 목표에 차근차근 다가가는 삶의 자세가 필요합니다. 잠시 동안 생각해 볼까요? ○○살에 나는 어디에서 무엇을 하고 있을까요?

....

....

2) 목표는 구체적으로 정하라

(1) 구체적인 목표를 정한다.

목표는 구체적이어야 합니다. 구체적인 목표를 정하기 위해서는 목표에 대한 충분한 이해가 있어야 합니다.

예시 산악자전거(MTB)를 가지고 싶다.
성적 우등생이 된다.

....

....

(2) 측정할 수 있는 목표를 정한다.

목표는 측정 가능한 것이어야 합니다. 예를 들어, 생활태도의 변화를 목표로 삼았다고 하죠. 그렇다면 목표가 실현되었을 때 나타나는 행동변화를 수량적인 단위로 바꾸어서 표현해야 합니다.

예시 나의 목표는 6개월 안에 새 산악자전거를 구입하는 것이다.
나는 상위 5% 안에 드는 성적 우수자가 되는 것이다.

……………………………………………………………………………

……………………………………………………………………………

(3) 실천 가능한 목표를 정한다.

목표는 실천적인 것이어야 합니다. 이런 점에서 목표는 마음먹기보다 행동지향적입니다. 실천을 염두에 두지 않는 목표는 진정한 목표가 아닙니다. 왜냐하면 인생은 마음먹은 만큼이 아니라 실천한 만큼 바뀌기 때문입니다.

예시 산악자전거를 사기 위해 매달 10만 원씩을 모은다.
주요 과목에서 90점 이상을 받는다.

……………………………………………………………………………

……………………………………………………………………………

(4) 현실적인 목표를 정한다.

목표는 항상 현실보다 우위에 있습니다. 그러나 실현가능성을 내포하고 있어야 합니다. 목표는 망상, 공상과 달리 이상으로 여겨집니다. 그것은 목표가 가진 실현 가능성 때문입니다.

예시 용돈과 아르바이트 급여를 모으면 매달 10만 원은 현실적이다.
지금보다 평균 10점만 올린다.

....

....

(5) 마감시간이 있는 목표를 정한다.

목표를 이루었더라도 적절한 시간에 달성하지 못한다면 어떻게 될까요? 달성한 목표의 가치를 인정받을 수 없습니다. 목표를 설정할 때는 반드시 시간 설정을 해야 합니다. 시간 설정은 그 목표의 가치를 최고에 이르게 합니다.

예시 6개월이면 좋은 산악자전거를 살 수 있는 60만 원을 모을 수 있을 것이다.

올해 1학기 말에 목표를 이룰 것이다.

....

....

3) 꿈과 목표를 세워라

자신의 꿈에 대해 구체적으로 뚜렷한 목표를 세워봅니다. 그리고 공부를 해야 하는 이유와 함께 현재 자신의 상태를 살펴봅니다.

① 장기목표(10~20년 이상)를 생각한다.

② 장기목표 달성을 위한 중간목표(3~5년), 단기목표(6개월~1년)를 생각한다.

③ 각 목표 간에 상호연관성을 둔다.

예시 나는 10년 후에 유명한 자동차 디자이너가 된다.(O)

나는 3~5년 후에 자동차 회사에 들어간다.(O)

나는 1~3년 동안 산업디자인 과목 공부를 열심히 한다.(O)

나는 10년 후에 NBA 농구선수가 된다.(X)

나는 3~5년 후에 고등학교 농구부 응원단에 들어간다.(X)

나는 1~3년 동안 신문방송학 공부를 열심히 한다.(X)

④ 현실성이 있어야 한다.

예시 나는(중학생) 1학기 영어성적 88점을 2학기에는 90점으로 올리겠다.(O)

나는(현재 40세) 1년 내에 100m단거리 선수가 되겠다.(X)

⑤ 구체적인 평가기준이 있어야 한다.

예시 매일 15분의 조깅을 한다.(O)

건강을 유지한다.(X)

⑥ 마감일이 있어야 한다.

예시 3년 내 컴퓨터정보기사 자격증을 딴다.(O)

컴퓨터 타자연습을 한다.(X)

⑦ 융통성이 있어야 한다.

예시 장기목표(10~20년)

10년 후 영어교사가 되겠다.

중간목표(3~5년)

3년 후 고등학교(또는 외국어 대학 영어과)에 진학하겠다.

단기목표(6개월~1년)

6개월 동안 영어듣기 능력 향상을 위해
CD나 테이프 또는 영어교재를 마친다.

주간·일간 목표

매일 등하교 시간 총 1시간 동안
하나의 녹음테이프를 듣는다.

나의 목표 세우기

장기목표(10~20년)

중간목표(3~5년)

단기목표(6개월~1년)

주간 · 일간 목표

자신의 행복을 위해, 남을 도우기 위해 공부하라.

손 종 호

CHAPTER

4 시냅스 러닝 학습 방법

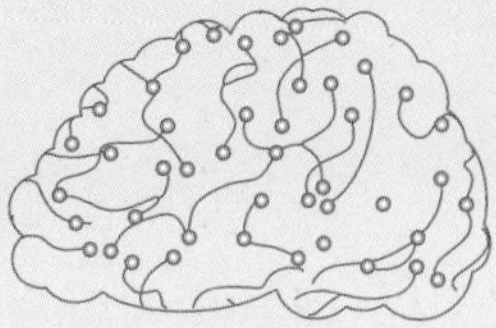

1 시냅스 러닝 학습을 위한 준비

1. 학습목표 세우기

1993년 가족과 함께 미국 로스앤젤레스(L.A.)에 도착하였습니다. 그리고 대학원 입학허가서를 받기 위해 영어공부를 시작했습니다. 미국 대학원에 입학하기 위해서는 토플(TOEFL)[54]과 GRE[55]성적이 있어야 합니다. 한국에서도 토플(TOEFL)을 치렀지만 원하는 성적이 나오지 않았습니다. 그도 그럴 것이 대학원까지의 전공이 한국사였습니다. 한문은 사서삼경(四書三經)[56]을, 일본어는 논문을 읽을 정도의 실력이 되었습니다. 그러나 영어공부는 그동안 전혀 하지 않았습니다. 특히 듣기(listening)성적이 형편없었습니다. 1개월에 한 번씩 거의 1년간 토플(TOEFL)시험을 치러서 겨우 원하는 성적을 얻었습니

---

54 TOEFL은 Test of English as a Foreign Language를 줄인 말이다. 말하자면 외국인이 치르는 영어시험으로서 미국에서 대학교 수업을 들을 수 있는 능력이 있는가를 확인하는 것이다.

55 GRE는 Graduate Record Examination을 줄인 말로서, 문과계열의 대학원 수업을 듣기 위한 능력을 테스트하는 시험이다. 이과계열의 대학원에 진학하려면 GMAT (Graduate Management Admission Test)를 치러야 한다.

56 사서삼경(四書三經) 중 사서는 논어, 맹자, 중용, 대학을 의미하고, 삼경은 시경, 역경, 주역을 의미한다.

다. 그 다음에는 GRE가 기다리고 있었습니다. GRE는 3과목으로 나누어 시험을 치릅니다. 우리나라 교과로 치면 국어와 수학, 논리에 해당됩니다. 거의 6개월을 꼬박 매달렸습니다. 미국에 온지 1년 반이 지나서야 미국 대학원 입학원서 제출에 필요한 성적을 손에 쥐게 되었습니다. 다음에는 대학원 입학원서를 작성하는 일이 남아 있었습니다. 우리나라와 달리 미국의 대학과 대학원 원서는 학교마다 양식이 다릅니다. 요즘에는 인터넷으로 원하는 대학교 홈페이지에 접속해서 컴퓨터로 자료를 다운받아 원서를 작성해서 메일로 보내면 됩니다. 1995년 당시에는 진학을 원하는 대학교에 직접 전화로 입학 자료를 요청해야 했습니다. 우편물로 대학원 입학원서가 도착하면 타자기로 직접 입력해야 했습니다. 이처럼 대학원마다 입학원서 양식이 다르며 대학원 기간 동안 생활을 유지할 수 있는 재정적 상태도 기록해야 했습니다. 자기소개서와 추천서도 학교마다 달라서 각각 따로 작성해야 했습니다. 저는 대학원 4군데에만 입학원서를 제출했습니다. 제가 다니고 싶은 학교 2개와 저의 성적으로 지원이 가능한 학교 2개였습니다. 주위에서는 최소한 10개 학교는 지원해야 하지 않느냐고 조언했습니다. 어떤 학생은 30개 학교에 입학지원서를 제출했다고 했습니다. 왜냐하면 입학지원서를 제출해서 서류통과(1차 시험)가 되면 그 학교를 방문해서 전공교수의 면접(2차 시험)이라는 관문이 또 기다리고 있었기 때문입니다. 그리고 만약 원서를 제출한 그 해에 입학할 수 없게 되면 1년을 또 기다려야 하기 때문입니다. 그러나 정말 다행스럽게도 4개의 학교 중 2군데서 연락이 왔습니다. 한 학교는 저에게 석사과정 입학을 허가했습니다. 다른 한 학교는 박사과정 입학을 허가해 주었습니다. 그곳이

링컨 네브래스카 주립대학교(UNL, University of Nebraska-Lincoln)였습니다.

로스앤젤레스(LA)에서 대학원 진학을 준비하던 중 두 번의 큰 고비가 있었습니다. 한 번은 1994년에 발생한 노스릿지(Northridge) 지진이었습니다. 지진이 발생한 그 날도 저녁 늦게까지 공부하고 정신없이 자고 있었습니다. 새벽 5시경 지진이 발생했습니다. 처음에는 꿈을 꾸는 줄 알았습니다. 비몽사몽간에 일어났는데 술을 마신 것처럼 몸을 가눌 수가 없었습니다. 겨우 잠이 깨어 방안의 전기스위치를 켰는데 불이 들어오질 않았습니다. 나가려고 해도 방문이 열리지 않았습니다. 어찌된 영문인지를 몰라 한참을 멍한 상태로 앉아 있었습니다. 점차 날이 밝아져서 주위를 둘러보았습니다. 방안의 책들과 냉장고를 비롯한 가재도구들이 모두 쓰러져 있었습니다. 전혀 상황판단이 되지 않았습니다. 여전히 방문은 열리지 않았습니다. 한참이 지내서야 아파트 매니저(manager)가 현관문을 열고 들어왔고 방문을 발로 차고 나올 수 있었습니다. 나중에 알게 되었지만 이웃 아파트에 거주하던 한국 유학생 가족이 제가 보이지 않자 아파트 매니저에게 연락한 것이었습니다. 그 가족이 지진으로 아파트 바깥에 대피한 후 제가 없음을 알고는 아파트 매니저에게 연락했던 것이었죠. 방문 밖으로 나오니 냉장고는 앞으로 쓰러져 있고 접시와 유리로 된 가재도구가 모두 깨져있었습니다. 전기도 들어오지 않고 물도 나오지 않았습니다. 거리의 신호등과 가로등도 들어오지 않았습니다. 지진이 발생한 지역의 모든 학교는 휴교했습니다. 문제는 전기도 끊기고 물이 나오지 않으니 씻는 것은 고사하고 공부를 할 수가 없었습니다. 그나마 다행인 것은 제 한 몸만 챙기면 된다는 것이었습니다. 당시 저의 가족은 지진 발생 전 한국에 가 있었습니다. 미국 연방정부에서는 노스릿지 지진이 일어난 곳을 재해지역으로 선포하고 지원하기 시작했습니다. 연방정부에서 지정한 장소에 가면 음식과 물을 배급해 주었습니다. 피해가 발생한 가정에는 피해보상금을 지급해 주었습니다. 유학생이었던 저도 피해보상금을 받기 위해 피해지원서를 작성했습니다. 피해지원서를 적는 란에는 '현재 본인의 은행계좌에 얼마의 금액이 남아 있는가'란 항목이 있었습니다. 저는 고민했습니다. 당시 제 계좌에는 퇴직금과 학업을 위한 금액의 일부가 남아있었기 때문이었습니다. 그러나 저는 유혹을 물리치고 사실대로 적었습니다. 여기에도 면접이 따랐습니다. 연방정부의 조사관과 인터뷰를 하였습니다. 그는 제가 작성한 서류와 은행의 예금 잔고를 확인하였습니다. 그 결과 저는 연방정부로부터 한 푼도 지원받지 못하였습니다. 제 아파트 문을 열어준 옆집의 한국 유학생은 1년간 아파트 월세를 무상으로 지원받았다고 했습니다. 저는 속이 쓰렸지만 거짓말하기는 싫었습니다.

두 번째 고비는 우리 애가 다쳤을 때였습니다. 노스릿지 지진의 후유증이 얼마 정도 가라앉은 1994년 초겨울 4살이 된 우리 애는 프리스쿨(preschool) 입학을 앞두고 있었습니다. 같은 아파트 옆 동 한국교민이 거주하는 집에 초등학교 5학년 형이 있었습니다. 그 애가 우리 애를 데리고 자주 놀았습니다. 어느 날 그 집에서 그 애와 놀고 온 저녁부터 아프다고 하는 것이었습니다. 몸에 열이 나기 시작했습니다. 그래서 감기인가 보다 해서 해열제를 먹였습니다. 그러면 다음 날 아침에는 열이 내렸습니다. 잘 지내다가 저녁이 되면 또 열이 나고 아프기 시작했습니다. 그래서 어디가 아픈가를 물어보니 어깨부분이 아프다는 것이었습니다. 겁이 덜컥 났습니다. 다음

날 아침 병원을 알아보기 시작했습니다. 문제는 저희 가족에게 의료보험이 없다는 것이었습니다. 아픈 부위의 엑스레이를 찍기 위해 비용을 알아보니 2,000불(160만 원 정도)의 견적이 나왔습니다. 그래서 LA의 한인병원에 전화한 후 사정을 얘기했습니다. 그러니까 한국으로 치면 보건소 같은 곳을 소개해 주었습니다. 700불(60만 원 정도) 정도를 지불하고 엑스레이를 찍으니 쇄골이 부러졌다는 것입니다. 쇄골은 수술도 어렵고 깁스를 해야 하는데 시간이 많이 걸린다고 했습니다. 게다가 의료보험이 없기 때문에 비용이 대략 2만 달러(1,600만 원 정도)정도 예상된다고 했습니다. 미국에 온 후 처음으로 부모님께 전화를 드리고 현재 상황을 설명했습니다. 부모님은 아이를 한국으로 보내라고 하셨습니다. 어깨에 임시 깁스를 하고 아내와 아이를 공항에 태워주었습니다. 집으로 돌아온 후 샤워기 물을 틀어 놓고 홀로 울음을 삼켰습니다. 애가 아프다고 얘기하는데도 쇄골이 부러진 줄도 모르고 며칠간을 무심하게 해열제만 먹인 것이 미안했습니다. 공부한답시고 미국에 와서 아이를 고생시키는 것이 미안했습니다. 당시 미국에 온지 2년이 되었지만 대학입학은 고사하고 어느 대학에 진학할지도 모르는 시기였습니다. 지금 돌이켜보면 가장 힘든 시절이었습니다. 그러나 '이렇게 돌아간다면 미국에 온 것이 무슨 의미가 있겠는가?'라고 생각하면서 이를 악물고 버텼습니다.

2. 진로 유형 파악하기[57]

점수는 YES의 개수이며, NO는 0점입니다.

---

57 대구광역시교육청(2013). 『우리들이 만드는 세상』, 48쪽.

나는 가고 싶은 대학을 정했다. ①예( ) 아니오( )	YES →	① 그 대학의 합격 커트라인을 알고 있다. ② 전공은 어느 학과든지 상관없다. ③ 대학의 이미지 때문에 선택했다.	①예( )아니오( ) ②예( )아니오( ) ③예( )아니오( )

NO ↓

나는 전공하고 싶은 학과를 정했다. ①예( ) 아니오( )	YES →	① 그 학과에서 배우는 내용을 알고 있다. ② 그 학과를 졸업한 후 주로 어떤 직업을 가지게 되는지 알고 있다. ③ 그 학과에 적합한 적성을 알고 있다.	①예( )아니오( ) ②예( )아니오( ) ③예( )아니오( )

NO ↓

나는 되고 싶은 직업을 정했다. ①예( ) 아니오( )	YES →	① 그 직업과 관련된 전공학과를 알고 있다. ② 그 직업에 필요한 적성을 알고 있다. ③ 그 직업에 필요한 학력이나 자격증을 알고 있다.	①예( )아니오( ) ②예( )아니오( ) ③예( )아니오( )

NO ↓

나의 점수 =

■ 자신의 점수를 바탕으로 자신의 진로 유형에 대해 파악해 봅시다!

★ 12점 이상 → A타입 ☆ 4~11점 → B타입 ★ 4점 미만 → C타입

A타입 = 심사숙고형

당신은 어느 정도 진로를 결정했군요. 그리고 자신의 진로 결정을 위해 객관적이고 합리적인 정보수집, 의사결정의 과정을 거쳤습니다. 따라서 심사숙고형에 해당합니다.

B타입 = 2% 부족형

진로 결정은 했다하더라도 아직 몇 가지 준비가 필요합니다. 특히 자신에 대한 이해를 살펴보면서 정확하고 객관적인 정보를 수집하는 방법을 배우는 것이 중요합니다. 적절한 정보와 꼼꼼한 준비가 필요합니다.

C타입 = 막무가내형

삶의 중요한 부분인 진로를 결정하는 데에 다만 느낌만으로 결정하다니요? 처음부터 차근차근 준비할 필요가 있습니다. 무엇부터 어떻게 알아보고 결정해야 할지 모르겠나요? 자신의 흥미나 특기를 다시 한 번 생각해 보고 진지하게 자신의 모습을 그려 봅시다.

3. 입학목표 대학과 전공 정하기

(1) 입학목표 대학의 폭을 잡는다.

입학 목표대학의 폭을 너무 좁게 잡으면 입시에서 실패할 가능성이 높습니다. 그렇다고 여러 대학교에 다양한 전공으로 너무 넓게 잡으면 어떻게 될까요? 목표가 분산되어 목표 자체가 부실해질 수 있습니다.

(2) 입학목표 대학과 전공은 네 가지 부류로 나눌 수 있다.

① 성적과 상관없이 가고 싶은 대학

② 조금 더 노력하면 입학할 수 있는 대학

③ 현재의 실력으로 입학할 수 있는 대학

④ 부모님께서 입학하기를 바라는 대학

(3) 입학목표 대학은 바뀔 수 있다.

처음 입학목표로 삼은 대학이 수능시험 후까지 변하지 않으면 가장 좋습니다. 그러나 개인의 실력이나 가정형편, 입시 상황의 변화에 따라 입학목표 대학은 바뀔 수 있습니다. 따라서 이러한 변화에 유연성 있게 대응해야 합니다.

(4) 입학목표 대학과 입학가능 대학은 다르다.

입학목표 희망 대학과 입학가능 대학은 다르다는 것을 확실히 깨달아야 합니다. 입학이 가능할 것 같지 않지만 희망하는 대학을 적어봅시다(표 5). 그 이유는 여러분은 원하는 대로 변화할 수 있는 가능성을 가지고 있기 때문입니다.

(5) 조금 더 노력하면 입학이 가능한 대학을 목표로 정하라.

가장 꼼꼼하게 따져보고 치밀하게 판단해야 할 것이 있습니다. '조금 더 노력하면 입학이 가능한 대학'입니다. 이 목표를 설정할 때 유의할 것은 결코 자기 자신을 과신하거나 비하하는 입장에서 판단하지 말아야 합니다. 자신의 현재 위치를 정확히 아는 것은 앞으로의 가능성을 진단하는데 유효한 지침이 됩니다.

표 5 입학목표 대학 설정

입학목표 대학		20( )	20( )	20( )	20( )	20( )	20( )
성적과 상관없이 가고 싶은	대학						
	전공						
조금 더 노력하면 입학 가능한	대학						
	전공						
현재 실력으로 입학 가능한	대학						
	전공						
부모님께서 입학을 바라는	대학						
	전공						

4. 장래 자신의 희망직업 생각해보기

우리가 사는 사회에 대해 한번 생각해 볼까요? 인터넷에는 진학, 대학, 직업 등에 대한 정보가 많이 있습니다. 따라서 자신의 진로에 대해 진로교사에게 묻는데서 그치지 마세요. 인터넷이나 도서관을 이용해 보는 건 어떨까요? 성공은 우연하게 오는 것이 아닙니다. 계획을 세우고 실행과정을 시각화하세요. 빨리 시작할수록 목표에 빨리 도달할 것입니다. 여기서는 여러분의 취업가능성을 알아보겠습니다. 그리고 원하는 목적지에 도달하는데 유용한 정보를 제공할 것입니다. 준비가 되었나요? 그렇다면 이제부터 취업을 위한 준비를 시작해 볼까요?

1) 자신을 평가한다: 사회는 전문적 기술과 태도를 가진 사람을 찾습니다.

① 나는 어디에 흥미가 있으며, 어떠한 기술을 가지고 있는가?

② 사람들과 함께 일하기, 일 자체를 좋아하기, 생각하며 일하기 중 어떤 것을 가장 잘 하는가?

③ 실제로 가장 흥미 있는 과목은 무엇인가?

2) 가능성을 타진한다: 어떤 종류의 일에 관심이 있나요?

① 인터넷을 통해서 그 일에 대한 정보를 얻는다.

② 자원봉사나 시간제 근무를 통해 부분적으로 체험한다.

③ 협력교육 프로그램, 인턴 근무 등을 통해 그 일이 어떤 직업인지 파악한다.

④ 취업시장, 취업박람회에서 정보를 얻는다(단 한번만으로 중요한 결정을 내리지 마세요).

3) 정보를 얻는다: 구체적인 정보 없이 맹목적으로 한 가지만을 선택하지 마세요.

① 신입사원 자격요건은 어떠한가?

② 개인적, 직업적 성장의 여지는 있는가?

③ 공개채용인가?

④ 자기를 발전할 수 있는 프로그램이 있는가?

⑤ 근무환경과 조건은 어떠한가?

관심 있는 직장에 대한 정보가 많을수록 더 나은 결정을 하게 될 것입니다.

4) 취업을 준비한다: 취업에 필요한 서류를 작성해 봅니다.

① 이력서와 자기소개서를 만든다.

② 주위사람들로부터 자문을 받는다.

③ 관심 있는 회사에 대해 조사한다.

5) 문을 두드린다: 취업 경쟁시장에 뛰어듭니다.

① 서류준비: 이력서와 기업에 보낼 자기소개서를 작성한다.

② 면접 준비: 인터넷 등을 통해 취업면접 도움말을 확인한다.

이제 준비가 되었다면 다음 단계에 대한 자신감이 생길 것입니다.

학습은 배움과 익힘이 함께 진행될 때 일어난다.
손 종 호

2 어떻게 공부할 것인가?

1. 시냅스 러너(Synapse learner)란?

공부하는 방법을 공부한다는 것(메타인지)[58]은 어처구니없는 말일 수도 있습니다. 공부하는 것도 지긋지긋한데 공부하는 방법까지 공부해야 한다니 말이죠. 그러나 가만히 생각해 보면 필요한 것이기도 합니다. 왜냐하면 여러분이 한 번도 가보지 않은 곳으로 여행을 떠난다고 생각해 보세요. 여러분이 방문하고자 하는 여행지 안내서를 꼼꼼하게 살펴보고 가는 것과 아무런 정보 없이 무작정 여행을 떠나는 것에는 큰 차이가 있습니다. 목적지에 대한 정보 없이 가게 되면 시간과 돈을 헛되게 낭비할 가능성이 높습니다. 공부도 마찬가지입니다. 여러분이 배우고자 하는 수업내용에 대해 조금이라도 미리 알고 있다고 가정해 볼까요? 그렇다면 수업에 대한 두려움에서 벗어날 수도 있고 자신감을 가지게 될 수도 있습니다. 학습하는 방법에 대해 배운다는 것은 수동적인 학습자에서 능동적이고 자율적인 학습자로 변화해 나가는 것을 의미합니다.

우리에게는 공부하기 싫거나 공부를 방해하는 수많은 이유들이 있습니다. 공부를 하려면 갑자기 친구에게 문자나 전화가 옵니다. 또는 점심약속이 생기거나, 엄마가 심부름을 시키거나, 때마침 재미있는 드라마가 방영되기도 합니다. 심지어는 기말시험을 앞두고 정말 오랜만에 공부하려고 마음을 굳게 먹고 책상에 앉았습니다. 그

---

58 메타인지(metacognition)란 인지활동에 대한 인지 또는 다른 지능의 발휘를 돕는 지능의 지능이다. 즉, 자신의 인지능력을 알고 이를 조절하거나 자기를 이해하는 지능이다.

런데 학교 사물함에 책을 모두 두고 와서 공부할 책이 없는 경우도 있습니다. 그런데 이러한 문제들은 극복할 수 없는 문제들일까요?

학습을 방해하는 요인은 크게 두 가지로 나눌 수 있습니다. 개인적인 요인과 환경적인 요인입니다. 개인적인 요인은 특정 교과에 대한 선호도나 자신감의 결여와 같은 것을 의미합니다. 환경적인 요인은 공부할 장소나 공부할 시간이 부족한 것과 같이 학습을 방해받는 것을 의미합니다. 그렇다면 학습을 방해하는 개인적인 요인과 환경적인 요인이 해결되면 학습은 저절로 이루어질까요? 그렇지 않습니다.

효과적인 학습은 학습방법과 의지의 결과입니다. 학습방법은 공부를 하기 위해 학생 개인이 사용하는 전략을 의미합니다. 의지는 공부를 하겠다는 동기부여에서 발생합니다. 자신의 학습능력이 남보다 뒤처진다고 생각하나요? 그런데 주위를 둘러보면 학습능력이 부족해서 실패하는 경우는 별로 없습니다. 대부분 자신의 능력이 뛰어나다고 판단해서 노력을 게을리하는 경우입니다. 또는 자신의 능력이 가져다 준 작은 성공에 만족해서 더 큰 실패를 맛보기도 합니다. 결국에는 자신의 학습방법을 고집해서 새로운 것을 받아들이려고 하지 않기 때문에 실패합니다. 예를 들면, 스스로 기억력이 좋다고 생각하는 학생은 노트필기를 게을리할 것입니다. 그런데 상급학교로 갈수록 지식수준은 높아집니다. 따라서 노트필기를 게을리하거나 노트정리하는 방법을 잘 모른다면 곧 뒤처지게 될 것입니다. 자신이 부족하다고 느끼고 부족하다고 생각되는 부분을 보완하기 위해 노력하는 것이 중요합니다. 뛰어난 기억력을 가지고 있다고 자만하고 새로운 방법을 배우려고 하지 않는 것이 문제입니다. 따라서 학습방법은 학습의지와 함께 효과적인 학습을 위한 중요한 도구입니다.

그런데 문제는 학습방법에 대해 가르치는 교사가 거의 없다는 점입니다. 교사가 학습방법을 강조하지 않는 이유가 있습니다. 첫째, 학생들은 공부를 하다보면 키가 자라고 체중이 느는 것처럼 자연적으로 학습방법을 알게 되거나 개발하게 된다고 생각하기 때문입니다. '여러분은 백번을 읽으면 뜻이 통한다'[59]는 고사성어를 들어보셨나요? 우리는 지금까지 무작정 암기하다 보면 저절로 이해하게 된다는 식의 주입식 교육방법을 배웠습니다. 그러나 지금은 정보의 홍수시대입니다. 따라서 수많은 정보를 선별적으로 선택할 수 있는 학습방법이 필요합니다.

둘째, 교사들이 학습방법을 가르치지 않는 이유는 교사가 학습방법에 대해 배운 적이 없거나 체계화하지 못했기 때문입니다. 즉 교사가 교과서 읽는 방법이나 노트 기록, 시험에 대비하여 공부하는 방법 등을 배우지 못했을 수 있습니다. 또는 교사가 자신만의 학습방법을 체계화하지 못한 경우도 있습니다. 따라서 교사가 배운 적이 없으므로 학생들에게 가르치지 못하는 것입니다.

여기서는 학습자가 자기주도적으로 배우고 익힐 수 있는 기본적인 학습원리와 학습방법들을 제시하고자 합니다. 그래서 여러분 자신만의 자기주도적인 학습방법을 개발할 수 있는 토대를 만들어 주고자 합니다. 교사는 교실에서 학생들에게 지식을 가르칩니다. 부모는 가정에서 자녀에게 요리와 청소를 가르칩니다. 이 두 가지는

---

59 독서백편의자현(讀書百遍義自見). [출처: '三國志(삼국지)' 魏書(위서) 王肅傳注(왕숙전주)]

새로운 것을 배운다는 측면에서는 같은 것입니다. 지식과 기술을 습득하기 위해서는 효과적인 학습방법이 필요합니다. 만약 학생들이 자기주도적으로 학습방법을 배우고 익히게 된다면 가장 큰 변화는 무엇일까요? 타율적인 학습자에서 자율적인 자기주도적 학습자가 된다는 점입니다. 자기주도적 학습자는 스스로 동기를 부여하고, 목표를 설정합니다. 학습원리를 이해하고 그 원리를 이용하여 효과적인 방법을 사용합니다. 그래서 더 많은 것을 스스로 깨우치고 배우게 됩니다.

자기주도적 학습자는 교사의 수업능력이 부족하더라도 그것을 극복할 수 있습니다. 자기주도적 학습자는 학습뿐만 아니라 자신이 관심 있는 분야(사진 찍기, 물고기나 동물 기르기 등)나 취미생활도 자신감 있고 즐겁게 이끌어 나갈 수 있게 됩니다.

2. 정보처리법[60]

1) 약어법

약어법을 이해하기 위해서는 정보처리 기술을 알아야 합니다. 정보처리란 기억을 이끌어내는 기술입니다. 수업, 교과서, 참고서 중 기억하고자 하는 내용을 빨리, 쉽게 그리고 정확하게 암기하는 기술입니다. 그리고 이 암기된 내용을 필요할 때 언제든지 기억해낼 수 있는 기술입니다.

학습효과를 높이기 위해서는 어떻게 해야 할까요? 학습내용 중

---

60 여기에 제시된 학습방법의 일부는 네브래스카 주립대학교 Ken Kiewra 교수의 Human Cognition & Instruction: 854 Educational Psychology 수업교재에서 발췌하였다.

중요한 것을 기억하고 필요할 때 끌어내어 활용하는 것이 중요합니다. 그것은 마치 컴퓨터에서 큰 용량의 자료를 압축해서 작은 파일로 만드는 것과 같습니다.

약어법이란 정보처리 기술의 가장 기초적인 단계입니다. 쉽게 말하면, 기억해야 할 단어들의 첫 글자를 모아 약자를 만드는 것입니다. 또는 첫 글자를 모아 기억하기 쉽게 모음을 삽입하는 방법도 있습니다. '가락' 이나 '리듬'을 붙여 기억하면 더욱 효과적입니다.

(1) 첫 글자만 따로 적기

① 알파벳: ABCD/ EFG/ HIJK/LMN/ OPQR/....

조선의 왕: 태정태세/ 문단세/ 예성연중/ 인명선/ 광인효현/ 숙경영/정순헌철/고순

② 세계에서 제일 긴 10대 강

나일강, 미시시피강, 아마존 강, 양쯔강, 오브강, 라플라타강, 황하강, 콩고강, 아무르강, 레타강

⇒ 나미아양(은) 오라 황콩 아래

③ 지각의 8대 원소

산소, 규소, 알루미늄, 철, 칼슘, 나트륨, 칼륨, 마그네슘

⇒ 산규알철 칼나칼마

④ 미국의 5대호

휴런(H), 온타리오(O), 미시건(M), 이리(E), 슈페리어(S)

⇒ HOMES

⑤ 태양계의 행성

수성, 금성, 지구, 화성, 목성, 토성, 천왕성, 해왕성

⇒ 수금지화 목토천해

⑥ 님비현상(NIMBY) : Not In My Back Yard

핌피현상(PIMFY) : Please In My Front Yard

⑦ 적자생존

⇒ 적는 자만이 살아남는다

(2) 외우기 쉽게 만들기

이때 순서가 중요하면 그대로 외웁니다. 그러나 순서대로 기억할 필요가 없는 경우도 있습니다. 그럴 때는 외우기 쉽게 순서를 바꾸세요.

① 세계에서 제일 긴 10대 강

⇒ 나미아양/오라 황(색)콩/아래(로)

② 광물의 굵기: 모스굳기계

활석 - 석고 - 방해석 - 형석 - 인회석 - 정장석 - 석영 - 황욱 - 강욱 - 금강석

⇒ 활석과 방형이 인정없는 석황을 감금했다.

(3) 기억해 내기

① 태양계의 행성

My very educated mother just served us nine pizzas.

⇒ my = Mercury

⇒ very = Venus

⇒ educated = Earth

2) 의미화 기법

약어법의 다른 형태로 의미화 기법도 있습니다. 의미화 기법이란 기억해야 할 대상에 의미를 부여하면서 기억하는 기법입니다. 사람

이름은 본래 의미가 있는 것은 아니지만 그 사람과 관련되거나 혹은 기억하기 쉽게 의미를 만들거나 숫자를 철자로 바꿔 의미 있는 단어로 기억하는 방법입니다.

(1) 이름 외우기

① 백설희 - snow white

② 김혜수 - 김해에서 수영하는 여자

(2) 숫자 외우기

숫자의 원리에 따라 묶어서 외우는(결집화) 것으로 전화번호를 국-번호로 나눠어 외우는 경우가 대표적인 예입니다.

6542002 ⇒ 654 - 2002 ⇒ 65 - 42 - 002

(3) 외우기 쉽게 말 만들기

① 한라산(1,953m) : 한라산에 한번 구경 오삼

② 3.1운동(1919년): 삼일운동 때는 온 집 식구 식구 다 일어나 만세 불렀다.

③ 에베레스트(8,848m) : 네팔에 있는 에베레스트의 높이는 팔팔네팔

④ Gulick과 Urwick의 행정과정론에서 7가지 요소

Planning(기획), Organizing(조직), Staffing(인사배치), Directing(지휘), Coordinating(조정), Reporting(보고), Budgeting(예산편성)

⇒ 각 요소의 영어 첫 글자를 따서 POSDCoRB라고 단어를 만들어 외웁니다.

⑤ 심리학에서 행복의 5가지 요소

Openness(솔직함), Conscientiousness(성실성), Extraversion(외향성), Agreeableness(동의성), Neuroticism(예민성)

⇒ Big Five: OCEAN: 5개 단어의 머리글자만 따서 단어를 만듭니다.

3) 연계법

(1) 매개단어법

매개단어법은 연계를 형성하는 가장 초보적인 단계로, 기억하려는 사실들을 의미 있는 연결로 기억하는 기술입니다. 즉, 기억하려는 항목 사이에 단어나 구를 넣어 전체가 의미 있게 하는 것입니다. 예를 들면, 영어단어, 작품명과 작가명, 국가와 수도 등을 외울 때 매개단어법을 이용할 수 있습니다.

가) 매개단어를 선택하여 영어단어 암기하기

① vivid - 비비다

② angel - 1004

③ glasses - 1001

④ young - 영

나) 축구중계하듯 동물 띠(12) 외우기

① 갑을병정무기경신임계 ⇒ 10간

② 자축인묘 진사오미 신유술해 ⇒ 12지

⇒ 소가 가장 부지런하여 제일 먼저 도착하였으나 소등에 타고 온 쥐가 문이 열리는 순간 앞으로 뛰어내려 소를 제치고 1번이 되었고, 소가 2번, 뒤늦게 출발한 호랑이가 3번, 달리기에 자신이 있는 토끼는 낮잠을 자서 4번이 되었다. 하늘에서 순식간에 도착한 용이 5등, 용꼬리 잡고 온 뱀이 6등, 양말커플로 유명한 말이 여친인 양을 먼저 배려하지 않아 말이 7등을 하고 양이 8

등, 그 뒤를 이어 원숭이 9등, 닭 10등, 개 11등, 느린 돼지가 12등이 되었다.

다) 단어의 의미를 연결시켜 문장 만들기

선택한 매개단어로 두 가지 사실이 의미를 가지게 만듭니다. 그리고 선택한 매개단어와 나머지 단어의 의미를 서로 연결시켜 의미가 통하는 문장으로 만들어 기억합니다.

① 국화 옆에서 - 서정주 :

국화 옆에서 가을의 서정이 느껴진다. 술(주)이나 한잔할까?

② Study is hard work - William Amstrong :

달을 인류 최초로 밟은 이는 암스트롱이다.

공부도 달처럼 정복하기 어렵다.

(2) 내부적 연계

그 다음 단계의 연계는 자료들 사이의 관계성입니다. 학습에서는 내부적 연계와 외부적 연계의 두 가지 형태의 연계가 있습니다. 내부적 연계는 학습된 자료들 사이에서 형성됩니다. 내부적 연계가 형성된 것은 이미 제시된 자료들 간의 관계를 파악할 수 있게 합니다. 이와 함께 그 자료들이 어떻게 조직되는가를 확인하는 것입니다. 대부분 이런 자료들은 흩어져있고 분리되어 있어 내부적 연계를 형성하는 것은 퍼즐을 맞추는 것과 같습니다. 퍼즐을 맞추려면 색상과 모양을 연결하여 흩어져있는 부분들을 연결해야 하고, 여러 개의 부분들을 적절하게 연결하여 정렬시킬 때 큰 그림을 맞출 수 있습니다.

예시 16개의 음식 종류

1. 양파 스프	2. 크림+양배추
3. 야채샐러드	4. 삶은 감자
5. 구운 연어	6. 딸기 케이크
7. 삶은 콩+버섯	8. 시금치 샐러드
9. 사이다	10. 초콜릿 케이크
11. 튀긴 감자	12. 홍차
13. 빵	14. 버섯 스프
15. 치즈 크래커	16. 해물 스파게티

이 16개의 음식을 기억하기 위한 좋은 방법은 무엇일까요? 대부분의 학생들은 무작정 전체 목록을 암기하려 할 것입니다. 그렇다면 내부적 연계라는 원칙에 따른 적절한 전략은 무엇일까요? 음식을 몇 개의 범주(category)로 배열해보면 어떨까요? 예를 들면, 초콜릿 케이크와 딸기 케이크는 식후음식(dessert)의 범주에 해당됩니다. 사이다와 홍차는 음료수(drink)의 범주에 해당됩니다. 음식을 범주에 따라 암기하는 것이 목록을 암기하는 것보다는 훨씬 수월합니다. 그렇다면 왜 이렇게 범주로 나누어 암기해야 할까요?

첫째, 학습해야 할 부분이 줄어듭니다. 예를 들어, 우리나라의 9개도(경기, 강원, 충남, 충북, 전남, 전북, 경남,경북, 제주)를 암기한다고 하죠. 먼저 우리가 사는 지역에 따라 각 도를 나누어 볼까요? 그렇다면 북부지역, 중부지역, 남부지역 등으로 지역을 나누게 되겠죠. 이것은 가나다 순서대로 각 도를 암기하는 것보다는 수월한 방법입니다.

둘째, 잘 조직되고 정리된 정보는 기억하기가 쉽습니다. 정보를 이끌어내기 위한 복합적인 경로가 있기 때문입니다. 예를 들면, 도서관에서 책제목, 저자, 주제를 통해 책을 검색하는 것과 같습니다. 어떤 검색어로 찾든지 간에 찾고자 하는 책과 연결됩니다.

셋째, 조직된 정보는 흩어져 있는 정보보다 이해하기가 편리합니다. 위의 16개의 음식 종류를 예로 든다면, 두 사람을 위한 저녁식사 메뉴로 이해하면 됩니다. 즉 그림 16과 같이 16개의 음식조직도와 같이 정리될 수 있습니다.

또 다른 예를 들어볼까요? 그것은 나방과 나비에 대한 것입니다(표 6). 나방은 2쌍의 날개를 가지고 있습니다. 나방이 날개를 펴면 그 날개는 몸을 덮습니다. 나방은 깃털이 있는 더듬이를 가지고 있습니다. 그리고 푹신한 고치를 칩니다. 나방은 회색이나 흰색을 띠고 있으며 주로 밤에 날아다닙니다. 나방은 알, 애벌레, 번데기, 성충과 같은 4단계의 변화과정을 거칩니다.

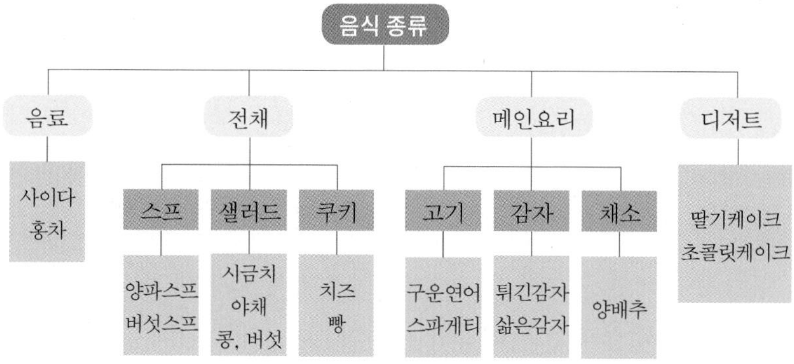

그림 16 16개의 음식조직도

나비도 나방과 마찬가지로 4단계의 변화과정을 거칩니다. 그리고 2쌍의 날개를 가집니다. 더듬이는 길고 끝부분에는 얇은 마디를 가지고 있습니다. 나비는 밝은 색이며 주로 낮에 날아다닙니다.

표 6 나방과 나비 비교

	나방	나비
날개	2쌍	2쌍, 길다
더듬이	털이 많음	길고 얇은 마디가 있음
고치	푹신함	
색상	회색, 흰색	밝은색
활동 시간	밤	낮
변화단계	알 – 애벌레 – 고치 – 성충	

이러한 사실을 통하여 우리는 무엇을 알 수 있을까요? 조금 전 나방과 나비에 대해서 각각 설명하였습니다. 그러나 그들의 공통점과 차이점을 설명하지는 않았습니다. 위의 내용으로서는 나방과 나비는 공통점이 거의 없는 것처럼 보입니다. 대부분의 학생들은 나방과 나비를 따로 학습합니다. 나방에 관한 사실들을 암기한 후 나비에 관한 사실을 암기합니다. 즉 나방과 나비를 연관시키지 못하는 것입니다.

이러한 정보를 매트릭스(Matrix)를 사용해서 표현해 볼까요? 매트릭스를 통해서 살펴보면 나방과 나비가 두 가지 측면에서 비슷함을 알 수 있습니다(표 7). 즉 각각 2쌍의 날개와 4단계의 변화과정을 거친다는 것입니다. 그렇다면 이제 차이점을 살펴볼까요? 나비는 날개를 활짝 펴서 날아다닙니다. 나방은 날개를 아래위로 펄럭입니다. 나방의 더듬이는 털이 많습니다. 나비의 더듬이는 길고 얇은 마디로 이루어져 있습니다. 나방은 회색과 흰색 등 옅은 색이며 밤에 날아다닙니다. 나비는 밝은 색이며 낮에 날아다닙니다.

표 7 나방과 나비 매트릭스

	나방	나비
변화단계	알 – 애벌레 – 고치 – 성충	
날개	2쌍	
날개 모양	날개를 아래로 접음	날개를 접지 않음
더듬이	털이 많음	길고 얇은 마디가 있음
색상	회색, 흰색	밝은 색
활동시간	밤	낮
고치	털이 많음	

나방과 나비의 내부적 연계를 매트릭스로 파악해보았습니다. 그 결과 이들이 어떻게 서로 연관되어 있는지 훨씬 쉽게 이해할 수 있습니다. 이들은 변화단계, 날개의 두 가지 측면은 비슷하지만 날개 모양, 더듬이, 색상, 활동시간과 같은 측면에서는 매우 다릅니다. 이러한 사실은 백과사전이나 도표에 나타나 있지 않습니다. 내부적 연계성을 찾는 것은 여러분의 몫입니다. 연계성을 만들어 내는 것은 효과적인 학습의 가장 중요한 원칙입니다.

(3) 외부적 연계

학습과 기억은 외부적 연계를 구성함으로써 향상됩니다. 외부적 연계는 학습된 자료들을 외부에 확장하는 것입니다. 외부적 연계는 새로운 지식을 학습했을 때 형성됩니다. 그리고 기억에 이미 존재하는 지식과 관련되어 있죠. 즉 외부적 연계는 새로 학습된 자료와 기억 속에 이미 저장되어 있는 과거의 지식들 간에 형성됩니다. 예를 들면, 크리켓(criket)이란 친숙하지 않은 경기에 대해 배운다고 하죠. 만약 여러분이 야구(baseball)에 대해 알고 있다면 크리켓을 야구와 같은 과거의 지식에 연관시킬 수 있습니다. 둘 다 공과 방망이를 사용하니까요. 외부적 연계는 새로운 정보를 좀 더 의미 있게 만들어줍니다. 그래서 새로운 정보를 우리의 기억에 효율적으로 저장합니다.

그러나 여러분이 알고 있는 지식이 부족하면 어떠할까요? 이런 경우 외부적 연계가 형성될 수 없습니다. 따라서 외부적 연계를 통한 의미 있는 학습도 불가능해집니다. 여러분이 육상선수라고 가정해 봅시다. 갑자기 아프거나 컨디션을 조절할 수 없을 때 어떻게 해야 할까요? 우선 자신이 가진 과거의 경험과 지식으로 통증을 치료하려고 할 것입니다. 그런 방법이 효과가 없다면 어떻게 해야 할까요? 그때는 병원을 찾아가서 치료를 받아야만 합니다.

외부적 연계를 발달시키기 위해서는 어떤 방법이 있을까요? 첫째, 새로운 정보가 여러분이 가진 지식과 어떻게 비교할 수 있는가를 생각해야 합니다. 예를 들면, 제2차 세계대전의 원인에 대해 학습한다고 하죠. 그렇다면 제1차 세계대전의 원인, 결과와 관련시켜 보는 것입니다. 또는 제2차 세계대전의 원인들을 최근 벌어지고 있는 강대국들 간의 갈등원인과 관련시켜 볼 수도 있습니다.

둘째, 새로운 개념들에 대한 유추나 새로운 예들을 만들어 내는 것입니다. 예를 들면, 심리학에서 '억압의 방어기제'에 대해 배운다고 하죠. '억압의 방어기제'란 상처를 주는 사건에 대한 기억이 의식으로 들어오지 못하게 무의식적으로 막는 것입니다. 만약 진수가 수미라는 여자친구와 사귀다가 일방적으로 차였다고 하죠. 그런데 진수는 수미에게 상처를 받고 헤어졌지만 그녀와 헤어지게 된 상황은 기억할 수가 없습니다. 그걸 알기 위해서는 과거 수미와 주고받았던 사랑의 편지나 메일들을 확인하면 됩니다. 여기서 '억압의 방어기제'란 실연의 상처를 잊어버리려고 수미와 관련된 모든 것들을 기억의 방에서 없애버리는 것과 같습니다.

만약 여러분에게 새로운 정보와 관련 있는 지식이 부족할 경우에는 어떻게 해야 할까요? 이런 경우 외부적 연계를 형성하기 위해서는 인위적인 연계가 필수적입니다. 예를 들면, 대학에 입학하여 배경받은 기숙사 방 전화번호를 기억해야 한다고 하죠. 친구는 기숙사 방 전화번호를 '임진왜란-2'라고 기억했습니다. 임진왜란은 아시다시피 1592년에 발생했습니다. 그래서 기숙사 그 방의 전화번호는 234-1590입니다. 그러나 여러분의 옆방에 배정받은 친구는 한국사에 대한 기초지식이 없었습니다. 그래서 기숙사 전화번호를 '콜럼부스+100'으로 기억했습니다. 콜럼부스가 신대륙발견을 위한 항해를 시작한 것이 1490년이기 때문이죠. 얼마 후 체육수업에 친구가 아무 연락도 없이 무단으로 결석하였습니다. 그는 걱정이 되어 친구의 기숙사 방으로 전화하려고 했습니다. 그러나 컬럼부스+100 외에 전화번호를 기억할 수가 없었습니다. 그래서 주위 학생들에게 컬럼부스가 항해를 시작한 연도를 물어보았습니다. 그러나 아무도 아는 사람이 없었습니다. 이 이야기는 무엇을 의미할까요? 인위적으로 외부적 연계를 만들기 위해서는 어느 정도 기초적인 지식이 필요하다는 것입니다.

4) 계층조직

(1) 매트릭스(matrix)

만약 생물교사가 인간의 뼈와 골격에 관한 수업을 한다고 해보죠. 우선 뼈와 골격에 관한 이해를 돕기 위해 복제품인 뼈들을 가져옵니다. 그리고 책상 위에 일렬로 하나하나 늘어놓았습니다. 여러분은 그것들을 자세히 관찰합니다(그림 17). 이렇게 학습하는 방법에는 어떤 문제가 있을까요?

이러한 교수방법은 각각의 뼈가 모양과 크기에서 어떤 차이가 있는지를 살펴보기 위해서는 도움이 됩니다. 그러나 그 뼈들이 어떻게 결합되어 손이나 두개골을 형성하는지를 알 수는 없습니다.

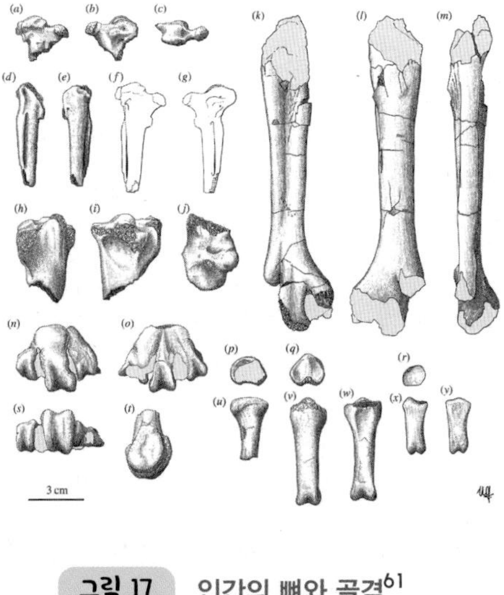

그림 17 인간의 뼈와 골격[61]

61 출처: https://commons.wikimedia.org/wiki/File:Garganornis-3.jpg#/media/File:Garganornis-3.jpg

각각의 뼈들을 분리해서 관찰하는 것은 마루에 널린 퍼즐조각을 하나하나 보는 것과 같습니다. 그러나 이 방법은 효율적이지는 않습니다. 흩어져있는 퍼즐조각으로 퍼즐 전체의 모습이 어떤지 짐작할 수 없기 때문입니다.

대부분의 정보나 지식은 대체로 한 번에 하나의 생각을 하도록 일직선상에 나열된 형태로 주어집니다. 마치 책상 위에 나열해 놓은 뼈들과 같습니다. 그 지식은 교사가 수업시간에 강의 형태로 전달될 수도 있습니다. 또는 문서로 작성되기도 합니다. 또는 요점정리나 목록 형태로 제시되기도 합니다. 사실 학교에서는 그 상관관계를 파악하기 어려운 일직선상의 지식정보만 제공됩니다. 교사에게 그러한 상관관계를 밝혀달라고 요구할 수도 있습니다. 그러나 그것을 요구하고 기다리는 것보다는 자신이 명료한 표현방식으로 전환시켜보면 어떨까요? 중요한 점은 효과적인 학습자는 형편없는 교육상황에서도 스스로 학습한다는 점입니다. 효과적인 학습자는 주어진 지식정보가 체계적이지 않다고 해서 그냥 넘어가지 않습니다. 효과적인 학습자는 하나하나의 뼈로 '손'이나 '두개골'을 조립합니다.

단편적인 학습은 가장 효과적이지 못한 학습방법입니다. 예를 들면, 해양생물학 수업에서 고래에 대해서 공부한다고 하죠. 교사는 작은 고래인 돌고래와 참돌고래에 대해 얘기합니다. 돌고래의 크기는 3.6미터 정도입니다. 새의 부리처럼 뾰족하게 생긴 주둥이를 가지고 있습니다. 해변에서 많이 떨어진 곳에서 삽니다. 이와 달리 참돌고래의 크기는 1.8미터 정도입니다. 짧고 평평한 주둥이를 가지고 있습니다. 해변 근처에서 삽니다. 이 6가지 사실은 분리되어 있

표 8 돌고래와 참돌고래의 매트릭스

	돌고래	참돌고래
크기	3.6미터	1.8미터
주둥이	새부리 모양	짧고 평평함
서식지	원해	근해

습니다. 이 6가지 사실을 분리해서 학습하면 의미 없는 학습이 됩니다. 그럼 어떻게 해야 할까요?

돌고래와 참돌고래의 정보들을 매트릭스 형태로 제시하였습니다(표 8). 이 매트릭스를 수평, 수직으로 읽어보면 큰 그림이 나타납니다. 돌고래가 참돌고래보다 훨씬 큽니다. 돌고래가 훨씬 더 긴 주둥이를 가지고 있으며 멀리까지 헤엄쳐갑니다. 즉 덩치가 더 큰 동물이 더 큰 주둥이와 더 깊고 먼 바다에서 산다는 것입니다. 단편적인 지식으로는 이런 의미 있는 사실을 알아낼 수가 없습니다.

주어진 정보나 지식을 단편적으로 학습하면 학습시간이 증가합니다. 지식을 매트릭스 형태나 패턴(pattern)으로 파악한다는 것은 무엇을 의미할까요? 그것은 정보나 지식을 큰 그림 또는 전체적으로 학습하는 것입니다. 그래서 학습시간을 감소시킵니다. 즉 돌고래와 참돌고래에 대해 학습할 때 돌고래가 모든 측면에서 더 크다는 것만 기억하면 됩니다.

분리된 사실보다는 결합된 사실들이 더 큰 가치를 지닙니다. 만약 여러분이 1,000원짜리 지폐 50장을 가지고 있다고 하죠. 1,000원으로는 그 가격 이하에 해당되는 물건만 구입할 수 있습니다. 음료수, 볼펜, 신문 등을 살 수 있죠. 그러나 피자, 옷, 책 등을 살 수는 없습니다. 그러나 50,000원짜리 지폐 1장으로는 위에 나열된 모든 것을 구입할 수 있습니다. 지폐를 모두 가지고 다니세요. 그것이 돈이 가진 효용성의 가치를 높입니다. 단편적인 지식들을 다른 지식들과 결합시켜 연관관계를 만드세요. 그렇게 하면 여러분이 가진 지식의 가치가 훨씬 높아질 것입니다.

(2) 전형 찾기(representation)

시냅스 러너가 되려면 단편적인 지식들을 잘 결합시켜야 합니다. 그래서 지식 사이의 연관관계나 패턴(pattern)이 구체적으로 나타나도록 해야 합니다. 뼈, 퍼즐조각, 지폐를 단편적으로 파악하는 것으로는 인간의 골격, 완성된 퍼즐 그림, 지폐의 구매력을 이해할 수 없습니다. 그러므로 단편적으로 지식을 학습하는 것에서 통합적으로 지식을 이해하는 학습으로 변해가야 합니다. 여기서는 전형 찾기와 그 체계들에 대해 설명하고자 합니다.

전형 찾기는 효과적인 학습의 기초가 됩니다. 교과서 학습, 시험, 분석, 작문 등에서 결정적인 역할을 합니다. 대부분의 학습자는 단편적이고 일직선으로 나열된 지식만을 제공받습니다. 그리고 이러한 단편적 지식을 요점위주로 정리합니다. 그렇다면 요점정리가 과연 효과적일까요? 전형 찾기는 단순한 요점정리에 비해 4가지 측면에서 유리합니다.

① 유사한 정보를 모아 집중화할 수 있다.

② 무분별하게 흩어진 정보를 정리할 수 있다.

③ 누락된 세부사항을 발견할 수 있다.

④ '큰 그림'을 완성할 수 있다.

이러한 사실을 확인하기 위해 다시 '나방과 나비'의 이야기로 돌아가 보겠습니다. 이전에 만들었던 나방과 나비에 대한 요점정리와 매트릭스를 비교해 보죠.

가) 유사한 정보의 집중화

집중한다는 말은 비슷한 정보를 한 곳에 모은다는 의미입니다. '집중'이라는 형식을 통해 요점정리가 되어 있는 단편적 지식들을 분류할 수 있습니다. 집중으로부터 얻는 이로운 점은 매우 중요합니다. 왜냐하면 주제들 간의 관계를 명확하게 하는데 도움이 되기 때문입니다. 요점정리만으로 학습하면 사물의 관계가 잘 드러나지 않습니다. 나머지 정보들이 흩어져 있기 때문입니다. 따라서 요점정리는 단편적인 학습결과를 가져오게 됩니다.

나) 무분별한 정보의 감소

매트릭스는 요점정리보다 덜 난잡합니다. 곤충을 예로 들면, 요점정리는 곤충마다 하나의 목록으로 나타내어야 합니다. 매트릭스는 한꺼번에 모든 범주를 나타낼 수 있습니다. 만약 살펴봐야 할 곤충이 6종류라고 하죠. 요점정리는 6종류를 7개의 항목에 걸쳐 각각 따로 살펴봐야 합니다. 그렇게 되면 42개의 단편적 지식이 필요합니다. 그러나 매트릭스는 7개의 항목만 있으면 정리가 가능합니다. 또한 세부적으로 같거나 반복되는 항목을 간략하게 줄일 수 있습니다. 이와 함께 여러 주제들이 지닌 공통적인 특징이나 세부사항을 파악하는 효과도 있습니다.

다) 누락된 세부사항의 발견

2차원 구조의 매트릭스는 누락된 세부사항을 쉽게 발견할 수 있게 합니다. 매트릭스에서 비어있는 부분이 명료하게 드러나기 때문입니다. 반면에 요점정리에서는 세부사항이 누락되어도 드러나지가 않습니다. 누락된 정보가 때로는 중요한 부분일 수 있습니다. 매트릭스에서는 누락된 정보가 중요한지 아닌지 파악이 가능합니다.

라) 큰 그림의 완성

정보의 구조나 관계는 요점정리보다 매트릭스에서 더 잘 나타납니다. 매트릭스에 따르면, 나방과 나비는 7개의 특성에 따라 비교될 수 있습니다. 2개 항목은 비슷하고 4개 항목은 다릅니다. 매트릭스를 통해 나비가 나방보다 더 두드러진 특성을 갖고 있음을 알 수 있습니다. 요점정리에서는 이러한 특성과 큰 그림이 나타나지 않습니다.

이러한 매트릭스의 4가지 장점을 물고기를 통해 다시 확인하겠습니다. 다음 표 9는 물고기의 특성을 요점정리와 매트릭스를 통해 각각 나타낸 것입니다.

표 9 물고기의 특성 요점정리

	6m 깊이		12m 깊이		18m 깊이	
물고기	표면형 (Lup)	유영형 (Hat)	사수어형 (Arch)	여울멸형 (Bone)	어뢰형 (Scale)	깡통형 (Tin)
군거집단	작은집단	단생		무리지어 다님		
색상	검은색	갈색	파란색	오렌지색	노란색	황갈색
크기	150cm		300cm			500cm
먹이	조류		작은 물고기			가자미류

표 10 물고기의 특성 매트릭스

	6m 깊이		12m 깊이		18m 깊이	
물고기	표면형 (Lup)	유영형 (Hat)	사수어형 (Arch)	여을멸형 (Bone)	어리형 (Scale)	깡통형 (Tin)
군거집단	작은 집단	단생		무리		
색상	검은색	갈색	파란색	오렌지색	노란색	황갈색
크기	150cm		300cm		500cm	
먹이	조류		작은 물고기		가자미류	

요점정리는 집중화라는 측면에서 볼 때 연관된 정보를 분산시킵니다. 예를 들면, 물고기 크기를 조사하려면 3개의 방해요소들이 생깁니다. 즉 먹이, 군거집단, 색상이죠. 매트릭스에서는 물고기 크기가 같은 항목에 나타납니다(표 10). 그런 방해요소가 없죠. 그래서 주제들 간의 정보비교가 수월해집니다.

요점정리를 하게 되면 물고기의 종류가 많아질수록 복잡해집니다. 그러나 매트릭스에서는 물고기의 종류가 많아지더라도 그 형태가 유지됩니다. 그것은 반복되는 세부사항들이 제거되기 때문입니다. 깡통형 물고기의 군거집단에 대한 정보가 누락된 것이 매트릭스에서는 즉각 나타납니다. 그러나 요점정리에서는 이러한 사실이 나타나지 않습니다.

이제 매트릭스를 수직으로 한번 살펴볼까요? 수심 6미터에 사는 고기들은 150cm길이에 짙은 색이며 조류를 먹습니다. 매트릭스를 수직과 수평으로 함께 살펴볼까요? 물고기는 더 깊은 곳에서 살수록 더 큰 먹이를 먹고 더 짙은 색에 큰 무리를 이룹니다.

표 11 요점정리와 매트릭스의 비교

	요점정리	매트릭스
집중화	주제들 간의 관계가 분산됨	주제들 간의 관계가 명료함
복잡함	같은 세부사항이 반복됨	같은 세부사항이 제거됨
정보 누락	불분명함	분명함
큰 그림	관계와 전형이 불분명함	관계와 전형이 분명함

지금까지 나방과 나비, 물고기를 통해 요점정리와 매트릭스의 장단점을 살펴보았습니다(표 11). 사물들 간의 관계를 이해하는 것이 효과적인 학습의 열쇠입니다. 이제 개념을 표현하기 위한 4종류의 방법을 살펴보겠습니다. 그것은 계층조직, 순서도, 매트릭스, 그림 도해입니다. 이 4종류의 개념을 표현하는 방식을 아는 것이 중요합니다. 효과적인 학습자가 되기 위해서는 이러한 개념들을 사용할 수 있어야 하기 때문입니다.

(3) 개념 표현

가) 계층조직

계층조직은 정보와 지식을 계층(level)과 그룹(group)으로 조직하는 것입니다(표 12). 상위정보(일반정보)를 하위정보(구체적 정보) 위에 배치하여 계층을 나타내는 것입니다. 다음 그림 18에서 계층 1의 정보(A)는 계층 2의 정보(B, C)보다 상위에 있습니다. 계층 2의 정보(B, C)는 계층 3(D, E, F, G, H)의 정보보다 상위에 있습니다.

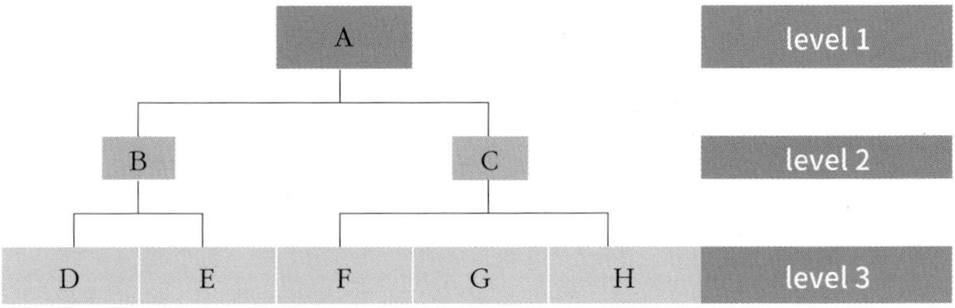

그림 18 계층조직 속의 계층과 그룹

나) 순서도

순서도는 정보와 지식을 시간의 흐름에 따라 배열합니다. 아래의 그림 19는 피아제(Piaget)의 인지구조 발달단계를 나타낸 순서도입니다.

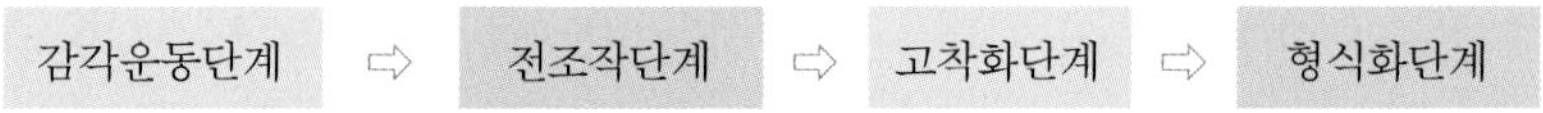

그림 19 피아제의 인지구조 발달단계 순서도

순서도는 모든 영역에서 찾아볼 수 있습니다. 순서도가 특히 많이 사용되는 영역은 역사와 문학입니다. 둘 다 사건의 순서와 관련 있습니다. 특히 역사는 사건으로 구성됩니다. 역사적 사건들은 모두 이전 사건이 다음 사건으로 연결됩니다(그림 20).

그림 20 사건의 연속성

다) 매트릭스(matrix)

매트릭스는 계층조직과 순서도에서 발전한 형태입니다. 모든 계층조직과 순서도는 매트릭스로 확장될 수 있습니다. 예를 들면, 행성의 계층순서는 아래 그림 21의 매트릭스로 확장될 수 있습니다.

매트릭스 형태로 행성을 파악해 볼까요? 수직으로 파악하면 몇 가지 중요한 주제들 간의 관계가 나타납니다. 첫째, 내부행성은 외부행성보다 태양에 가깝습니다. 둘째, 내부행성의 공전주기(태양을 1바퀴 도는 기간)가 외부행성보다 짧습니다. 사실 태양과의 거리와 공전주기는 일직선상의 관계가 있습니다. 즉 행성이 태양과의 거리가 멀수록 공전주기는 길어집니다. 셋째, 일반적으로 내부행성이 외부행성보다 크기가 작습니다. 넷째, 내부행성은 표면이 암석으로 이루어 졌고, 외부행성(명왕성 제외)은 진흙으로 되어 있습니다. 행성 목록에서는 전혀 연관 없이 나열되었던 세부사항들이 매트릭스에서는 밀접한 관계를 나타내고 있습니다. 태양계의 질서를 표현하는 것이죠. 모든 정보에는 질서가 있습니다. 매트릭스는 우주와 세계의 관계를 나타내는 강력한 표현방법 중 하나입니다.

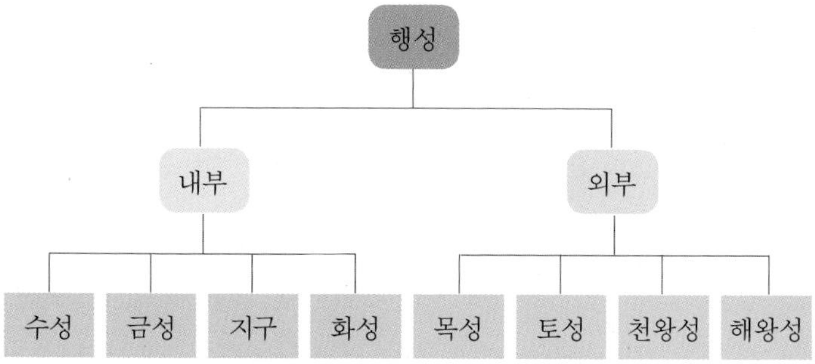

그림 21 행성의 계층조직

표 12 **매트릭스로 확장된 원자 구성**

	중성자	양자	전자
원소크기			
원소가			
위치			
원소번호			

계층조직과 순서도를 확장시킨 예는 별개의 것이 아닙니다. 대부분의 경우 계층조직과 순서도는 매트릭스로 확장될 수 있습니다. 만약 화학교사가 '원자는 양자, 중성자, 전자로 구성되어 있다'고 합시다(표 12). 원자에 대한 설명이 거기서 끝날 수도 있습니다. 그러나 원소크기, 원소가, 위치, 원소번호 등에 대한 특성에 대해서도 설명할 수 있습니다. 이러한 특성들은 계층순서로 표현할 수 있습니다. 그리고 매트릭스로 확장할 수도 있습니다.

매트릭스는 세 부분으로 구성됩니다. 즉 주제, 반복되는 범주, 그리고 세부사항입니다. 이 세부사항은 표 13의 내용과 같습니다. 주제는 매트릭스 위에 가로로 표시됩니다. '주제'는 계층조직이나 순서도의 상위개념이나 하위개념이 됩니다. '반복되는 범주'는 왼쪽 끝에 나열됩니다. 그들은 주제들이 비교되는 특성입니다. 주제마다 반복되므로 반복되는 범주라고 합니다. '세부사항'은 주제와 반복되는 범주 사이의 교차점을 나타내는 요소입니다. '세부사항'은 매트릭스 속에서 '주제'와 '반복되는 범주' 사이의 셀(cell)을 통해 나타납니다.

매트릭스는 계층조직과 순서도의 확장 형태입니다. 그래서 레벨

표 13 **매트릭스의 각 부분**

	주제	주제	주제	주제
반복되는 범주	세부사항	세부사항	세부사항	세부사항
반복되는 범주	세부사항	세부사항	세부사항	세부사항
반복되는 범주	세부사항	세부사항	세부사항	세부사항
반복되는 범주	세부사항	세부사항	세부사항	세부사항

(level), 그룹(group), 순서, 관계 등을 나타낼 수 있습니다. 매트릭스를 통해서 주제 내부의 관계와 주제 간의 관계 비교가 가능합니다.

주제 내부의 관계는 하나의 주제 안에 존재합니다. 이것은 매트릭스를 수직으로 읽어보면 알 수 있습니다. 예를 들면, 그림 22에 '긍정적 강화'가 있습니다. 이것은 행동의 증가와 자극의 발생, 이 두 가지 모두와 연관되는 것처럼 보입니다. 따라서 이 두 개념이 합쳐져서 '긍정적 강화'에 대한 정의가 만들어집니다.

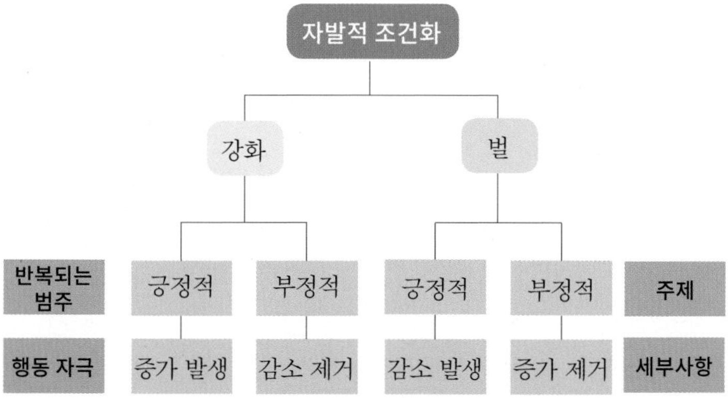

그림 22 **'자발적 조건화'를 나타내는 매트릭스의 각 부분**

주제 간의 관계는 2개 이상의 주제 사이에서 존재합니다. 매트릭스를 수평으로 읽어보면 알 수 있습니다. 표 13에서는 두 측면에서 중요한 주제 간의 관계가 나타납니다. 첫째, 강화는 행동 증가와 관련이 있고, 벌은 행동 감소와 관계가 있습니다. 둘째, 긍정적인 기법은 자극의 발생과 연관이 있고, 부정적인 기법은 자극의 제거와 관련이 있습니다.

주제 간의 관계가 매트릭스를 형성하는데 가장 중요한 관계 유형입니다. 주제들이 어떤 점에서 같으며, 어떤 점에서 다른지 설명해주기 때문입니다. 이런 중요한 정보들이 강의, 교재, 요점정리에서는 흔히 누락됩니다. 자발적 강화, 나방과 나비, 고래, 물고기의 비교는 매트릭스를 통하지 않고서는 충분히 이해될 수 없습니다. 매트릭스는 공통점과 차이점을 비교하기에 가장 이상적이라고 할 수 있습니다.

라) 그림도해

계층조직, 순서도, 회로망처럼 그림도해도 정보를 조직화합니다. 사용만 가능하다면 그림도해는 구조를 표현하는데 가장 효과적인 형태입니다. 그림도해는 어떤 사물에 대한 각 부분의 형태나 위치(정적 관계)를 보여주고, 그 부분들이 어떻게 작용하는가(동적 관계)를 보여줍니다.

다음 그림은 자동차의 제동장치를 보여줍니다(그림 23, 그림 24). 이 그림도해는 제동장치의 모양과 위치, 적절한 크기 등을 보여줍니다. 또한 제동장치의 각 부분들이 어떻게 작동되는지 보여줍니다.

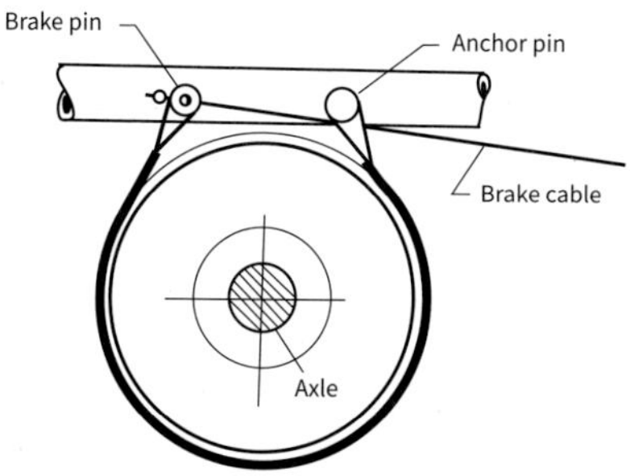

그림 23 제동장치의 정적인 그림도해[62]

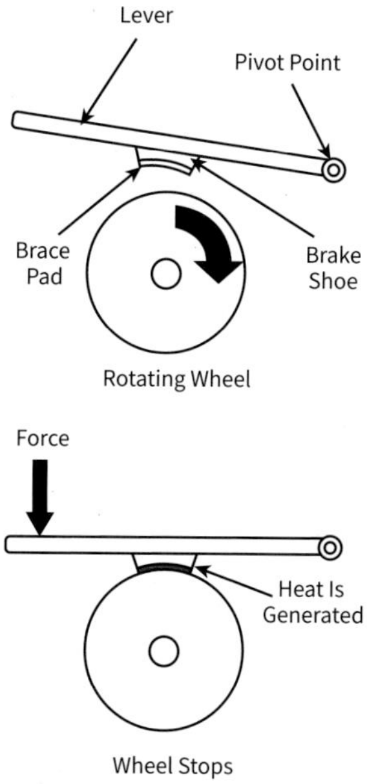

그림 24 제동장치의 동적인 그림도해[63]

62 출처: https://www.researchgate.net/figure/Fig-no-2-Disc-Brake-BAND-BRAKES-Band-brakes-tighten-is-high-friction-of-the-around-a_fig2_330557332

63 출처: http://www.engineeringexpert.net/Engineering-Expert-Witness-Blog/tag/brake-shoe

그림도해는 어떤 과목에도 유용하게 적용됩니다. 생물학에서 나비나 벌의 각 부분에 관한 그림도해는 그 형태를 이해하는데 도움이 됩니다. 지리학에서 반도나 해협을 나타내는 그림도해는 개념을 익히는데 도움이 됩니다. 지도는 한 지역의 지형학을 설명하는데 말보다는 훨씬 효과적입니다. 수학에서는 삼각형, 사각형의 둘레와 면적을 나타내는 그림이 계산과 이해에 도움이 됩니다. 체육에서도 그림은 자세와 전술을 배우는데 도움을 줍니다. 그림도해는 반드시 계층조직이나 순서도, 매트릭스와 분리되어 사용할 필요는 없고 서로 혼합해서 사용할 수도 있습니다.

5) 읽기기술

(1) 읽기기술이란?

읽기기술이란 많은 양의 내용 중에서 필요한 부분을 먼저 찾아내는 것입니다. 그리고 새로 익힌 내용을 기존의 지식과 효율적으로 관련짓습니다. 그리고 그 내용을 효과적으로 기억했다가 필요할 때 기억하기 쉽도록 하는 기술입니다.

(2) 읽기기술의 중요성

읽기기술을 습득하면 공부해야 할 내용만을 학습하도록 도와줍니다. 주의를 집중할 수 있게 하고 기억을 촉진시켜 공부하는 시간을 줄여줍니다.

(3) 읽기기술의 단계

① 훑어보기:

아래 내용을 읽어보기 전에 1~2분에 걸쳐 어떤 내용이 적혀 있는지 미리 훑어보세요.

② 요점 찾기(중요한 부분 밑줄 긋기):

중요하다고 생각되는 곳에 밑줄을 긋거나 표시를 하세요.

③ 요점적기:

교과서 여백에 요점을 기억하는데 힌트가 될 단어나 문장을 간단히 쓰세요.

④ 구조화하기:

요점을 중심으로 요점을 서로 분류하여 관련짓습니다. 그리고 이미 알고 있는 내용과 관련짓습니다.

⑤ 질문하기:

질문을 만듭니다.

⑥ 암기하고 복습하기:

요점적기와 구조화한 내용을 반복해서 계속 암기하는 것입니다.

예시 동서 간에 차이가 나는 기후

강수량과 바람

중부지방의 강수량은 계절과 지역에 따라 차이가 크다. 여름에는 연 강수량의 절반이 넘는 많은 비가 내리는데 이것은 태평양에서 불어오는 **남동·남서계절풍**과 지역의 영향을 많이 받기 때문이다. 한강 중·상류 지역은 우리나라에서 비가 많은 지역에 속한다. 때로는 여름철에 **집중호우**와 **태풍**으로 홍수가 나기도 하고, **장마전선**의 북상이 늦어지면 가뭄의 피해를 입기도 한다.

겨울에는 차고 건조한 **북서계절풍**이 불어와 강수량이 적다. 때로는 북서계절풍이 약해지고 습기를 가진 바람이 불어와 눈이 많이 내리기도 하는데 특히 영동지방의 산간에 많이 내린다.

태백산맥의 서쪽에는 늦은 봄에서 초여름 사이에 고온 건조한 **높새바람**이 불기도 한다. 높새바람은 북동풍을 뜻하는 우리말로서, 지금은 일반적으로 봄부터 초여름에 걸쳐 태백산맥을 넘어 영서지방으로 부는 고온 건조한 바람을 이른다.

1) 개관할 내용 찾기: 다음 사항을 체크해보세요.

① 제목 :

② 하위 제목 :

③ 진하게 쓴 글씨 :

2) 요점 찾기(밑줄 긋기)

3) 요점 적기

(1) 중부지방 강수량이 동·서가 다른 이유는 바람과 지역의 영향 때문이다.
(2) 여름에는 태평양에서 불어오는 남동·남서계절풍으로 인한 집중호우, 태풍, 장마, 가뭄의 피해가 있다.
(3) 겨울에는 차고 건조한 북서계절풍이 분다. 영동지방에는 눈이 많이 온다.
(4) 태백산맥의 서쪽에는 늦은 봄에서 초여름 사이에 고온 건조한 높새바람이 분다.

4) 구조화하기

요점 찾기 한 것을 글이나 그림으로 나타내 보세요.

5) 질문 형태로 바꾸기

① 중부지방의 강수량이 계절과 지역에 따라 차이가 나는 이유는?

② 겨울에는 어느 지방에 눈이 많이 내리며 그 이유는?

③ 높새바람이란?

	Ⅰ. 동서 간에 차이가 나는 기후 (제목)
여름 –	1. 강수량과 바람 (**중심 개념**)
남동·남서	(1) 강수량 – 여름에 집중 (**하위개념**)
계절풍	1) 여름 – ㉮ 태평양에서 불어오는 남동, 남서계절풍
집중호우,	㉯ 한강 중·상류
태풍, 가뭄	㉰ 집중호우, 태풍
	㉱ 가뭄
겨울 –	2) 겨울 – ㉮ 차고 건조한 북서계절풍
북서계절풍	㉯ 습기 많은 바람 – 눈(**영동지방**)
눈多: 영동지방	3) 늦은 봄 – 초여름 (하위 개념)
늦봄 – 초여름 –	㉮ 고온건조 높새바람
높새바람	㉯ 영서지방 – 가뭄
영서지방: 가뭄	높새바람: 북동풍, 봄부터 초여름, 태백산맥을 넘어 영서 지방으로 부는 고온 건조한 바람

6) 외우기

3 내게 맞는 학습법은 무엇일까?

1. 내게 맞는 학습법 찾기

1995년 9월 드디어 네브래스카 주립대학교 교육행정전공 박사과정에 입학했습니다. 제가 이 학교에서 교육행정 박사학위를 받기 위해서는 먼저 145학점[64]의 수업을 들어야 합니다. 그리고 박사과정 수업에 대한 종합시험(comprehensive examination)을 치러서 통과가 되어야 합니다. 그런 후에야 박사학위 논문을 작성할 자격이 주어진다

64 1학기 동안 1주에 1시간씩 14주에 걸친 수업을 1학점이라고 한다.

는 것을 알았습니다. 한 학기에 신청할 수 있는 과목은 3학점짜리 3과목, 9학점이었습니다. 사실 당시 제 능력으로는 더 이상의 학점을 소화할 수도 없었습니다. 9학점씩 16학기를 들어야만 했는데 다행히 방학기간 동안 계절제 수업이 있었습니다. 그래서 방학기간을 포함한 4년간 꼬박 강의를 들어야만 했습니다.

네브래스카 주립대학교 교육행정 박사과정 첫 학기 첫 수업은 지도교수였던 브라이언 교수였습니다. 지도교수는 자신이 사립기숙학교(boarding school)의 영어교사(head-teacher)로 근무한 경력이 있었다고 했습니다. 그의 수업방식은 매우 독특했습니다. 수업에 열심히만 참여하면 A학점을 주었습니다. 수업목표와 방향을 제시한 후 나머지 시간은 학생들이 진행하고 학생들의 발언을 경청해 주었습니다. 그는 수업 중 학생의 발언을 중간에 자르거나 중단시키지 않았는데 사실 어떤 경우에는 외국인인 제가 듣기에도 별 의미 없는 발언들이었습니다. 첫 학기 수업을 마친 후 학기말 보고서(term paper)를 제출하였습니다. 지금 생각해보면, 그 보고서는 문법적으로는 오류투성이였다고 생각되지만 그는 저의 보고서를 끝까지 읽고 수정해 주었습니다. 다만 보고서 끝부분 빈 공간에 이렇게 적어 놓았습니다. "너의 보고서를 읽기에 너무 힘이 든다. 문장의 오류를 수정하기에는 시간이 많이 걸렸다. 그래서 네가 주장하고자 하는 논리를 파악하는데 중점을 두었다."라고 써 놓았습니다.

문제는 다른 전공과목의 수업이었습니다. 한 교수의 수업내용이 무슨 뜻인지 전혀 알아들을 수가 없었습니다. 그래서 녹음기를 가지고 들어가서 녹음을 했습니다. 서너 번 반복해서 들어야 조금 이해가 되었습니다. 그리고 밤을 꼬박 새우더라도 교재를 읽었습니다. 교수가 교재에서 읽은 부분을 설명하면 이해가 되었으니까요. 학기 중반에는 매주 제출해야 하는 과제물과 중간고사(mid-term examination)가 있었습니다. 시험은 모두 주관식 문제였습니다. B4용지에 앞뒤로 적어야만 했습니다. 한국어로도 B4용지 1장을 채우기가 어려운데 영어로 작성한다는 것은...그것은 제가 넘을 수 없는 장벽이었습니다.

저는 또 고민했습니다. 어떻게 해서 여기까지 왔는가? 제가 가진 문제의 원인이 무엇인지 알아야 했습니다. 제가 넘어야 할 장벽은 듣기(listening)와 쓰기(writing)였습니다. 무슨 말인지 귀에 들어와야 답변(speaking)할 수 있지 않겠습니까? 보고서를 쓸 수 있는 능력(writing)이 되지 않으면 매 학기 보고서와 박사학위논문을 어떻게 작성하겠습니까? 해결책을 찾아야만 했습니다. 듣기능력 향상을 위해서 미국교회 중 새벽기도모임이 있는 곳을 알아보았습니다. 학기 중에는 시간이 없으니 아침 일찍 일어나 새벽기도모임에 참석했습니다. 미국교회에서 그들의 기도를 정말 열심히 들었습니다. 처음에는 그들이 의아해 했습니다. 링컨은 인구의 98%가 백인인 지역입니다. 그런 지역의 미국교회에 그것도 새벽기도모임에 동양인 학생이 매일 오는 것이 일반적인 일은 아니었으니까요. 그러나 그들은 저에게 제가 왜 왔는지 묻지 않았습니다. 저를 위해 기도해 주었고 함께 기도했습니다. 미국교회의 새벽기도를 그렇게 4년남짓 다녔던 것 같습니다. 쓰기능력 향상을 위해서는 성경필사를 시작했습니다. 매일 새벽기도를 다녀와서 성경을 노트에 베껴 적었습니다. 졸업할 때까지 하루도 빠뜨린 적이 없었습니다. 조금씩 영어가 들리기 시작했습니다. 수업중 교수의 농담에 웃을 수 있었습니다. 보고서 작성에도 조금씩 시간이 단축되었습니다.

통계학은 아직도 기억에 많이 남는 과목입니다. 통계학 수업에서는 인터뷰나 설문조사를 실시해야 했습니다. 설문조사 후 통계프로그램(SPSS)을 사용해서 데이터를 추출합니다. 그리고 그 결과를 분석해서 보고서로 작성하는 것입니다. 재미있었지만 통계라는 장벽이 놓여 있었습니다. 저는 대학수능 때 수학을 포기하고 답을 모두 찍었습니다. 수학은 제게는 공포 그 자체였습니다. GRE에 나오는 수학은 영어로 된 산수였습니다. 그 정도까지는 소화할 수 있었는데 통계는 차원이 달랐습니다. 수학+영어+컴퓨터프로그램(SPSS)이었습니다. 통합적 사고방식을 요구했습니다. 제 능력으로 할 수 있는 것이 있고 할 수 없는 것이 있었습니다. 그래서 한국인으로 경영학(Finance) 박사과정에 있는 유학생에게 도움을 요청했습니다. 매일 런치미팅으로 점심을 같이 먹으면서 통계를 배웠습니다. 그러다가 브라이언 교수가 학기 중 출장 갈일이 생겼습니다. 제게 박사과정 통계수업을 지도하라고 부탁했습니다. 실력은 둘째 치고 미국 박사과정 학생들에게 강의라니... 그렇지만 시키는 대로 했습니다. 강의 전 그 한국인 친구에게 매달린 것은 어쩔 수 없었습니다. 그 친구를 생각하면 아직도 고맙고 미안합니다. 본인 공부하기에도 바빴을 텐데...

저의 공부는 이런 식이었습니다. 죽기 아니면 살기였습니다. 매학기마다 어려움이 생겼습니다. 예상치 못한 어려운 과제가 부여되는 경우는 다반사였습니다. 수업을 담당하는 교수나 실습을 나갔던 고등학교 교장과 갈등이 생겼던 경우도 있었습니다. 보고서를 작성하다가 컴퓨터가 고장나버려서 자료가 통째로 사라져 버렸던 일도 있었습니다. 그때마다 문제를 직시하고 돌파해 나갔습니다. 공부는 제게는 전투였고 전쟁이었습니다.

2. 학습효과를 높이는 7가지 방법

(1) 수업시간 내에 해결하라

수업 중 선생님의 말을 귀담아 듣지 않고 다른 공부나 공상을 하는 경우가 많습니다. 또는 수업내용을 열심히 듣고 받아 적지만 수업내용을 수업 이후 시간 내어 공부하는 학생들이 많습니다. 수업시간에 학습내용을 완전히 소화한다는 자세로 수업에 참여해야 합니다.

(2) 3분 예습, 3분 복습을 실천하라

예습과 복습은 3분 내에 끝낼 수 있습니다. 수업시작 3분 전에 배울 부분을 미리 한 번 살펴보세요. 그리고 수업종료 후 3분 동안 배운 핵심내용을 머릿속에 떠올려 보세요. 훈련이 되면 각각 2분 동안에 할 수 있습니다. 익숙해지면 이런 정도의 예습, 복습은 수업시간에도 가능하게 됩니다.

(3) 한 단원은 한꺼번에 공부하라

일반적으로 각 단원은 '학습목표—내용전개—형성평가'의 체계로 구성되어 있습니다. 그리고 단원의 각 구성요소들은 서로 유기적인 관계를 맺고 있습니다. 따라서 완결된 한 단원은 한꺼번에 공부해야 학습구조의 맥락을 파악할 수 있습니다.

(4) 학습의 결벽증에서 벗어나라

교과서, 참고서, 문제지 등 가지고 있는 학습자료를 완전히 이해할 때까지 붙잡고 있지 마세요. 그런 태도는 일종의 결벽증일 뿐입니다. 완전학습이 필요한 경우와 요약학습이 가능한 경우를 판단해서 공부해야 합니다.

(5) 주력과목의 전이효과를 이용하라

한 두 교과라도 자신 있고 확실한 주력과목이 있어야 합니다. 학습에는 전이효과가 강하게 나타납니다. 예를 들면, 영어를 잘하게 되면 독일어, 스페인어, 불어를 빨리 배울 수 있습니다. 그 이유는 같은 뿌리에서 나온 언어이기 때문입니다. 특정과목에 자신감을 가질 수 있도록 하세요. 그렇게 되면 비슷한 과목 뿐 아니라 다른 과목에서도 학습효과를 얻을 수 있습니다.

(6) 자신에게 맞는 교재와 학원을 선택하라

자신에게 적합한 교재, 자신의 수준에 맞는 강의를 선택하는 안목자체가 실력입니다. 책은 내용뿐 아니라 구성, 디자인, 취향까지 고려해야 합니다. 자신의 마음에 드는 것을 선택해야 하죠. 강의도 강사의 수업스타일이 자신과 맞는지 확인하고 등록하세요.

(7) 어느 곳에 있든지 골방으로 여기고 공부하라

친구와 함께 공부하는 것도 격려와 자극을 받는 방법입니다. 그러나 공부는 결국 혼자 하는 것입니다. 학교 교실이든 도서관 열람실이든 그곳을 자신의 골방으로 여기세요. 그리고 공부에 집중하세요.

3. 학습행동에 대한 문제점 분석

다음 글을 잘 읽고 (1), (2)번에서 자신에게 가장 해당된다고 생각하는 문제를 각각 1~2개 선택해 보세요.

(1) 여러분이 공부에 집중하지 못하는 가장 근본적인 문제는 무엇인가요?

① 공부 중 게임이나 상상 등의 잡생각으로 허비하는 시간이 너무 많다.

② 잠을 이기지 못하여 그날의 공부를 마무리 못하는 경우가 많다.
③ 계획을 세워놓고도 꾸준하게 실천하지 못한다.
④ 아무런 계획 없이 마음내키는 대로 공부한다.
⑤ 평소에는 놀기만 하다 시험에 임박해서 벼락치기 공부를 하다 보니 효과적인 공부를 못한다.
⑥ 주의 집중력이 부족하여 공부에 집중하는 시간이 너무 적다.
⑦ 공부해야겠다는 의욕과 흥미가 없다.
⑧ 공부는 해야겠는데 공부라는 소리만 들어도 지긋지긋하다.
⑨ 이성에 대한 관심이나 호기심이 너무 많다.
⑩ 공부를 하려고 해도 무엇을 어떻게 공부해야 할지 모르겠다.
⑪ 기초 실력이 부족하다.
⑫ 기타(   )

(2) 여러분이 공부하려 할 때 가장 방해되는 환경적 요소는 무엇인가요?

① 숙제가 너무 많아 자신의 계획대로 공부를 하지 못한다.
② 친구들과 잡담으로 보내는 시간이 너무 많다.
③ 선생님들의 지나친 강요에 짜증이 난다.
④ 선생님들이 학생들을 차별 대우하는 것 같아 공부하기 싫다.
⑤ 주위가 시끄러워 공부를 하지 못하는 경우가 많다.
⑥ 여러 가지 고민거리들이 자주 생겨서 공부에 마음을 쏟지 못한다.
⑦ 공부에 이용할 수 있는 자료 혹은 참고서가 부족하다.
⑧ TV나 라디오에 매달려서 보내는 시간이 너무 많다.
⑨ 게임이나 만화, 소설 등을 보는데 너무 많은 시간이 빼앗긴다.
⑩ 쪽지 시험을 너무 자주 보니까 공부에 차질이 자꾸 생긴다.
⑪ 공부할 장소가 마땅치 않다.

⑫ 부모님의 간섭이 너무 많다.

⑬ 선생님들의 꾸중을 들을 때마다 기분이 상해서 공부를 하지 못하는 경우가 많다.

⑭ 집안일을 도와야 하기 때문에 공부시간을 빼앗기는 경우가 많다.

⑮ 공부 중 군것질을 자주 해 공부에 열중하지 못한다.

⑯ 기타(   )

(3) 여러분에게 문제가 되는 것은 무엇인가요?

위의 (1)과 (2)에서 선택한 자신의 문제점 중 자신에게 특히 문제가 된다고 생각되는 것 몇 개를 정해 보세요. 가장 심각하다고 생각되는 것부터 차례로 주로 언제, 어디서, 어떠할 때 그런 일이 발생하는지 적어보세요. 가능하면 그 대책까지도 구체적으로 적어볼까요?

나의 문제	언제	어디서	어떠할 때	대책
(예시) TV를 너무 오래본다.	저녁 5시~12시 까지	집	TV에서 만화, 쇼, 영화 등 재미있는 것이 많을 때	내가 보고 싶은 것 중 제일 보고 싶은 것만 보고 다른 것들은 여가시간에 인터넷으로 본다.

(4) 일일계획 및 평가표

세부사항	소요시간	실행방법		자기보상
		어디서	어떻게	
(예시) 하루에 정해진 분량이나 시간 만큼 공부하기	5시간	• 공부방 • 도서관 • 지하철 등	정해진 분량을 마무리할 때까지 집중해서 공부하기	• 좋아하는 방송 보기 • 과자나 간식 먹기 • 따뜻하게 목욕하기
[잘한 점]				
[반성할 점]				

많은 학생들이 자신이 왜 학교에 등교해야 하는지
그 이유를 모른다.
손 종 호

CHAPTER

5 시냅스 러닝 학습전략

1 학습전략이 왜 필요할까?

미국에서 교육심리학 과목을 들으면서 동기유발이 중요하다는 것을 알았습니다. 그리고 학습에도 전략(strategy)이 필요하다는 것을 알게 되었습니다. 그래서 다음과 같은 그림 25를 만들어 보았습니다.

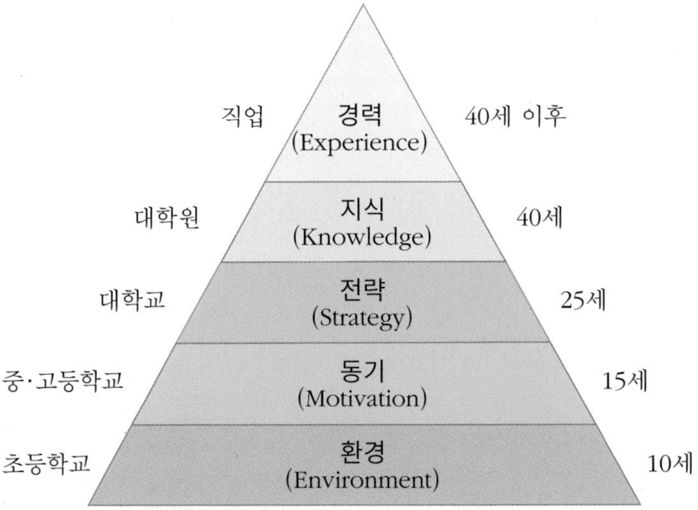

그림 25 라이프 사이클 단계별 전략

그림에 따르면, 초등학교(10세)까지는 환경의 영향을 많이 받습니다. 자신의 성격과 마찬가지로 태어난 환경은 선천적인 요인에 해당합니다. 중·고등학교(15세)에서는 앞으로 무엇을 하겠다는 동기유발이 중요합니다. 이 시기부터는 후천적 · 환경적 요인이 많은 영향력을 발휘하게 됩니다. 학교나 가정을 통해 다양한 경험을 하고 많은 사람들과 사물을 접하게 됩니다. 이때부터는 자신이 살아가고자 하는 삶의 방향에 대해 고민하는 시기입니다. 이럴 때 주위의 현명한 조언과 멘토(mentor)가 필요합니다. 대학교(25세)에서는 자신이 하고 싶은 일을 구체적으로 달성하기 위한 전략이 형성되는 시기입니다. 자신이 원하는 삶을 단계적으로 구체화하기 위해 노력하는 시기입니다. 대학원으로 진학하거나 직업을 가지기 위해서는 그 목적과 방향에 필요한 지식을 습득해야만 합니다. 자신이 일하고 싶은 분야의 지식을 갖추지 않으면 동기와 전략이 아무런 쓸모가 없기 때문이죠. 마지막 단계는 경험을 통해 자신만의 세계관을 갖는 것입니다. 세계관의 형성은 평생이 걸리는 작업입니다.

저는 대학에 입학하고나서야 '공부하는 직업'을 가지고 싶다는 마음이 생겼습니다. 처음에는 대학교수가 되고 싶었습니다. 대학을 졸업하고 대학원에 진학했습니다. 그러나 석사과정을 9학기만에 겨우 졸업했습니다. 그 다음 해 치른 박사과정시험에서는 보기좋게 낙방했습니다. 제가 실패했던 두 번째 시험이었습니다. 시험에 실패한 후 심각하게 고민했습니다. 사실 그 즈음 역사라는 학문에 대해 조금씩 회의가 들었습니다. 역사는 사실에 근거를 둔 학문입니다. 석사논문을 준비하면서 많은 고문서를 뒤졌지만 제가 원하는 자료를 찾기가 힘들었습니다. 제가 원하는 주제를 연구하려면 사건에 대한 퍼즐(puzzle)을 찾아 맞추어야 합니다. 그런데 자료가 없어서 비어있는 퍼즐은 어쩔 수 없이 상상력으로 메울 수밖에 없었습니다.

그렇다면 역사와 소설이 무엇이 다른 것일까요? 소설은 허구(fiction)이고 역사는 사실(nonfiction)입니다. 결국 그 차이는 50보 100보 아닌가요? 금(gold)은 포함되어 있는 함량으로 순도를 따집니다. 이를테면 소설과 역사의 차이는 14K(52.5%), 18K(75.0%), 24K(99.99%)와 같이 사실의 정도만 다르지 본질은 같을 수밖에 없다는 생각이 들었습니다. 그런 마음을 가지고 시험을 치렀으니 좋은 결과가 나올 수가 없었습니다. 당시는 산업체 고등학교 교사로서 학생을 가르치는데 대한 사명감을 느끼던 시기였습니다. 그래서 교육행정학으로 관심을 돌리게 되었습니다. 무엇보다 학생을 가르치는 일이 보람되고 제가 학생들을 위해 열심히 노력하는 만큼 그 결과가 나타났기 때문이었습니다.

그 후 우여곡절을 거쳐 네브래스카 주립대학교 교육행정학 박사과정에 입학하였습니다. 저의 목표는 입학 5년 내 박사학위를 받는 것이었습니다. 그렇게 하려면 박사과정에서 요구하는 145학점을 모두 이수하고, 종합시험을 치른 후, 졸업논문을 작성 · 제출해야 합니다. 그래서 저는 교육심리학 수업을 들으면서 졸업논문 작성을 위한 학습전략을 구상했습니다. 가능한 한 빨리 졸업논문 주제를 정하는 것이 가장 중요한 포인트였습니다. 그리고 매 학기 수업의 학기말보고서를 졸업논문과 관련된 주제로 제출한다는 계획이었습니다. 그렇지 않고 수업 따로, 논문 따로 진행하게 되면 목표(5년 졸업)를 달성하기가 어려울 것 같았습니다. 그래서 지도교수인 브라이언 교수를 매주 찾아가 논문주제에 대해 상담했습니다. 그래서 지도교수로부터 논문주제에 대한 승낙을 얻었습니다. 논문주제가 결정되었지만 매 학기 수업은 서로 다른 주제와 내용의 전공수업과 교수였습니다. 그러나 어떻게든 졸업논문 주제와 관련시키려고 노력했습니다. 만약 교육심리학에서 배운 학습전략을 적용하지 않았더라면 어떻게 되었을까요? 박사과정을 5년 만에 졸업하기는 매우 어려웠을 것입니다.

2 학습전략은 어떻게 세울까?

1. 시험 준비 전략

1) 시험 준비 전략이란?

시험 준비 전략은 시험형태에 알맞은 전략을 익혀 자신이 원하는 시험 결과가 나오게끔 하는 것입니다. 시험 준비 전략은 시험을 치르는 기간뿐만 아니라 시험을 치르기 전, 시험을 치고 난 후의 모든 과정에 활용됩니다. 시험 준비 전략에는 다음과 같은 것들이 포함됩니다.

① 시험을 치르기 전 시험에 대비하여 공부하는 방법
② 시험을 치르는 도중 문제를 읽고 답을 적는 요령, 정답을 잘 모를 때 여러 가지 단서를 이용하여 가장 정답에 가까운 답을 찾는 요령, 문제 수나 문제 난이도를 고려하여 시험시간을 효과적으로 이용하는 요령, 정답을 확인 · 수정 · 보완하는 요령
③ 시험을 치른 후 틀린 문제를 확인하고 답을 찾는 것 등

2) 시험 준비 전략의 중요성

아무리 공부를 많이 했다 하더라도 시험을 잘못 치르면 아무 소용이 없습니다. 시험을 어떻게 준비해야 할까요? 시험을 잘 치르기 위해서는 어떻게 해야 할까요? 이런 방법을 아는 것은 시험불안을 감소시킵니다. 그리고 시험에 자신감을 갖게 합니다. 결국 더 좋은 결과를 얻을 수 있습니다.

3) 시험 준비 전략 단계

(1) 일반적인 시험 준비 전략

① 기출 문제 수집 분석하기

② 시험정보를 많이 알기

③ 친구와 질문하고 대답하기

④ 시험 전날 종합정리 후 일찍 잠자리에 들기

(2) 객관식 문제를 위한 시험 준비 전략

① 문제를 뛰어넘지 말고 차례로 응답하기

② 한 문제에 너무 많은 시간 끌지 않기

③ 문제를 잘 읽고 뜻을 정확하게 알아내기

④ 한정어, 제한어귀, 문법에 유의하기

⑤ 응답한 것을 함부로 바꾸지 않기

(3) 주관식 문제를 위한 시험 준비 전략

① 공식, 법칙을 문제풀기 전 적어보기

② 어려운 문제는 나중에 풀기

③ 시간이 허락할 때까지 끝까지 풀기

④ 풀이과정에 정답을 분명히 표시하기

⑤ 처음 문제를 풀이할 때와 다른 방법으로 답안 검증하기

4) 시험 준비 전략이 효과적인 이유

① 시험 치를 준비를 어떻게 하는가를 알고, 그 방법을 익히는 것은 중요하고 시험에 자신감이 생겨 좋은 결과를 얻을 수 있습니다.

② 각 시험의 전략을 분명히 알고 문제유형에 맞는 시험전략을 사용하면 성적이 향상됩니다.

5) 시험 준비 방법

① 여러분이 시험 준비를 어떻게 하고 있는지 생각나는대로 적어보세요.

② 여러분의 시험 준비와 위에서 얘기한 시험 준비방법을 비교해보세요.

③ 이제 여러분이 생각하는 효과적인 시험준비와 방법은 무엇일까요?

표 14 **시험 준비 체크리스트**

* 아래 문항을 읽고 자신의 시험 준비 상황을 '체크'해보세요.

	매우 그렇다 … 매우 아니다				
	5	4	3	2	1
(1) 나는 시험에 대비하여 공부를 지나칠 정도로 한다.					
(2) 나는 시험과목, 시험시간표, 장소를 정확히 안다.					
(3) 나는 시험범위, 출제 경향, 읽을 책을 알고 있다.					
(4) 나는 과거에 출제된 문제들을 가지고 있다.					
(5) 나는 약 2주일 전 시험계획을 세우고 정보를 알아본다.					
(6) 나는 시험전날 종합적으로 복습을 하고 일찍 잔다.					
(7) 나는 휴식 여가시간을 제외한 나머지 시간을 합리적으로 공부에 할당한다.					
(8) 나는 시험 전 예상문제를 작성하고 정답을 써본다.					
(9) 나는 시험 전 3~4명 정도의 그룹스터디에 적극 참여한다.					
(10) 나는 규칙적인 운동과 식사, 수면시간을 지킨다.					

총점 (   )점

■ **평가 기준**: ① 40~50점: 양호함
② 30~40점: 보통임
③ 20~30점: 노력을 요함
④ 10~20점: 적극적인 노력을 요함(벼락치기 공부)

■ 토의 및 평가: 각자의 시험 준비 활동을 확인하고 개선해야 함을 자각하세요.

말과 글과 행동은 자신의 뜻과 의지를 관철하기 위한 수단이다.
손 종 호

2. 노트필기 전략

1) 노트필기 전략이란?

노트필기 전략이란 교사가 칠판에 쓰거나 말로 설명하는 내용을 노트에 적는 행위입니다. 그러나 여러분이 혼자서 교과서나 참고서를 읽고 필요한 부분을 체계적으로 노트에 기록하는 기술도 포함됩니다.

2) 노트필기 전략의 중요성

노트필기를 하게 되면 수업 내용 또는 학습한 내용을 체계적으로 정리하여 오랫동안 기억할 수 있습니다. 학습에 도움을 주며, 주의집중을 유지하고 체계적으로 시험에 대비할 수 있습니다.

3) 노트필기 단계

(1) **수업 전:** 노트 양식 만들기

(2) **수업 중:** ① 수업내용 적기: 교사가 칠판에 판서하는 내용을 노트에 적습니다.
② 수정하기: 필기한 내용 중 잘못된 부분을 고칩니다.

(3) **수업 후:** ① 요점찾기: 중요한 내용에 밑줄이나 기호로 표시합니다.
② 조직하기: 요점을 중심으로 내용들을 서로 관련짓습니다.
③ 암송하기: 요점을 보고 외웁니다.
④ 복습하기: 요점을 외운 것을 반복합니다.

4) 노트필기 기술

(1) 체계적으로 적기

① 너무 빽빽하게 쓰지 마세요.

② 노트가 낭비된다고 생각될 만큼 좌측에서 우측으로 한 칸씩 들어가면서 쓰세요. 행 사이를 넓게 사용하면서 여백을 많이 남겨두세요.

③ 수업내용 적기: 교사가 칠판에 쓰는 내용이나 설명 중 강조하는 것을 '수업내용'란에 적으세요.

④ 수업내용을 적는 요령

가) 알아보기 쉽게 적기

나) 가급적 자신이 이해한 말로 적기

다) 중요한 내용은 기호로 표시하기

라) 받아 적지 못한 부분은 나중에 써넣을 수 있도록 빈칸으로 비워두기

예시 국어, 사회 등 이해 · 탐구과목

기억에 단서가 되는 단어 ① 조직화 ② 체계화	1. 개념 가. 하위 개념 1) 세부사항 가) ① ㉮	개인적 메모 ㉠ 자신의 의견 ㉡ 의문점 ㉢ 핵심내용

예시 수학 등 문제해결 중심과목

수업 중 필기내용	자기가 모르는 문항, 보충해야 하는 것, 유사한 문제 풀이 등

(2) 시각적으로 적기

① 시각적으로 필기하면 시간도 단축되고 한눈에 그 내용을 알아볼 수 있습니다.

② 도형을 그리기 전 생각하고 형상화(Image making)하세요.

(3) 빨리 적기

간략하게 빨리 적으세요. 노트를 천천히 작성하게 되면 교사의 설명을 놓치거나, 교과서나 학습교재를 보는데 장애가 됩니다.

① 자신이 알아볼 수 있는 글로 적기

② 개념만 쓰고 교사가 설명하는 순서대로 적기

③ 원리, 원칙, 규칙, 정의는 그대로 적기

(4) 간단히 적기

수식 어구를 뺀 명사나 숙어를 사용합니다.

예시 + (긍정), = (같다), & (그리고), ? (의문표), ! (느낌표), eg (예), cf (비교), ex (연습문제), ∵ (원인), ∴ (결과)

(5) 덧붙여 적기

가) 자신이 노트 필기한 내용을 보고 알아보기 힘든 글자, 틀린 글자를 고칩니다.

나) 중요개념은 이해를 돕는 내용을 덧붙이세요. 지금은 이해가 되지만 나중에 쉽게 기억하기 위해서입니다.

다) '수정하기'의 요령

① 노트를 보면서 철자, 이름, 연대, 시간, 장소, 공식, 법칙 등을 정확히 기록하고 확인 후 수정하세요.

② 미완성된 부분이나 비워둔 부분이 있으면 빈칸에 채우세요.

③ 오탈자가 있거나 잘못 받아 쓴 부분이 있으면 수정하고 보완하세요.

④ 기타 참고사항이나 보완할 내용을 적으세요.

5) 노트정리 방법

수업은 교사가 학생에게 지식과 정보를 제공하는 일반적인 방법입니다. 학생들은 수업이 끝난 후 복습이 필요합니다. 복습은 수업 내용 중 중요한 지식이나 정보를 기억하기 위한 것이죠. 아래에 노트필기 요령이 제시되어 있습니다. 이들 요령은 노트필기 전략을 사용하지 않는 학생들에게도 도움이 될 수 있습니다. 그리고 노트필기할 때는 아래의 '노트필기를 위한 5가지 원칙'을 참조하는 것이 편리합니다.

(1) 노트필기를 위한 5가지 원칙

① 중요한 요점과 세부사항을 기록하세요.

② 긴 문장을 짧게 요약하세요.

③ 핵심단어를 이용하여 중요한 정보를 암기하세요.

④ 여러분의 아이디어로 노트필기를 복습하세요.

⑤ 여러분의 노트에 있는 주요 정보를 복습하세요.

(2) 노트필기 요령

① 노트필기는 종이의 한 면만 이용하세요.

② 노트 주제마다 날짜를 쉽게 찾아볼 수 있도록 표시하세요.

③ 전체적 문장보다는 중심적 생각이나 단어를 기록하세요.

④ 가능한 한 숫자를 매기면서 중심적인 내용을 정리하세요.

⑤ 교사가 강조하는 것은 밑줄을 긋거나 중요도에 따라 표시(*)하세요.

⑥ 만일 중요하다고 생각하는 어느 부분을 놓쳤다면 밑줄 친 후, 필요할 때 뒤돌아가서 채우세요.

⑦ 수업이 끝난 후 가능한 한 빨리 당신의 노트를 복습하세요. 옆칸에 주요 개념들을 채운 후 아직도 풀리지 않은 질문이 있으면 적으세요.

⑧ 자신의 노트를 복습하면서 수업 중 제시된 주요 요점을 정리하세요.

⑨ 자신이 이미 배우거나 알고 있는 내용과 그것과 관련된 것에 대해 깊이 생각하세요.

⑩ 시험 전 자신의 노트를 복습하세요.

6) 코넬식 노트필기

코넬식 노트필기는 1960년대 코넬대학의 월터 포크(Walter Pauk)가 코넬대학 대학생들에게 가장 효과적인 필기정리를 연구하여 개발한 방법으로서 현재 가장 많이 사용되는 필기방식 중의 하나입니다(표 15).

표 15 **코넬식 노트** (예시)

① **날짜:** **과목:** **교사:**	② **학습목표** (수업시간 전 교과서를 참고하여 그날의 학습목표를 먼저 적는다) 1. 2.
③ **핵심개념** (수업내용 중 핵심내용을 적는다)	**정리** (수업내용을 기록한다)
④ **메모** (과제나 추후 조사할 내용을 적는다)	⑤ **요약**

(1) 코넬식 노트필기 방법

노트 왼쪽에 2.5cm 정도 수직선을 긋습니다. 이 부분은 단서구역(cue column)이라 하며 제목, 주제 및 주요개념을 적는 곳입니다. 노트 오른쪽 부분은 수업 중 다루어지는 내용을 기록합니다. 노트 아래쪽에는 약 2cm 정도로 수평선을 긋습니다. 이 부분은 위에서 다뤄진 내용 등을 요약, 정리하는 곳입니다. 간혹 단어나 새로운 개념을 사전 등을 통해 추가적으로 찾고 기록해 두어야 하는 경우에 활용할 수 있습니다.

① 날짜, 과목, 교사:

날짜, 과목, 교사이름을 기록하는 이유는 나중에 자신이 기록한 노트필기를 보며 복습할 때 기록한 내용이 잘 이해가 되지 않는 경우 날짜와 교사이름을 보며 당시의 수업상황을 쉽게 떠올릴 수 있도록 하기 위해서입니다.

② 학습목표:

학습목표란 그 날 수업한 학습내용을 말합니다. 그러나 교사가 제시한 학습목표와 자신이 노트에 기록한 학습목표는 다를 수 있습니다. 자신에게 부족하고 익혀야 할 부분이 구체적인 학습목표가 될 수도 있습니다.

③ 핵심개념:

핵심개념이란 머릿속에 들어있는 정보를 꺼내기 위한 단서가 되는 개념을 말합니다. 즉 머릿속에 저장되어 있는 정보들 중 자신이 원하는 정보를 찾아 꺼내기 위한 단서들을 정리해 놓는 것이라 할 수 있습니다. 따라서 코넬노트 중간 왼쪽 부분은 노트에 정리되는 내용들을 대표하거나 요약할 수 있는 핵심개념들을 기록하면 됩니다.

핵심개념의 오른쪽 부분은 수업시간에 학습한 내용들을 요약해서 정리합니다. 정리할 때에는 단어 줄이기, 문장 줄이기, 약어 및 기호 등을 적절히 활용하면 됩니다.

④ 메모:

메모란에는 수업을 마친 후 해야 할 과제, 수업시간 중 잘 이해되지 않는 개념, 수업과는 무관하지만 의문이 드는 내용들을 기록합니다. 수업이 끝난 후 복습할 때 정리할 수 있도록 활용하는 부분입니다. 수업도중 잘 이해되지 않는 개념이나 내용에 집착하다 보면 다른 수업내용을 놓칠 수 있기 때문입니다. 그러한 내용들을 메모란에 기록하고, 수업이 끝난 후 다시 시간을 내어 정리하는 곳입니다.

⑤ 요약:

요약란에는 그 시간에 학습한 내용 중 반드시 기억해야 하거나 가장 중심적인 내용을 요약하여 정리합니다.

수업이 끝난 후에는 수업내용을 자기의 것으로 만드는 시간이 필요합니다. 수업내용을 정리하고 자기의 것으로 만들 때 5분 정도 학습한 내용을 정리한 후 3분 정도 수업내용을 정리하는 시간이 효과적입니다. 따라서 요약란은 학생이 스스로 학습하여 자기의 것은 만든 내용들을 요약하며 정리하는 곳입니다.

(2) 코넬식 노트필기 팁

① 핵심 포인트를 놓치지 않아야 합니다.

수업 중 내용을 들으면서 흐름을 파악하면서 중요하다고 생각되는 부분의 개념, 세부사항, 예들을 적어 놓습니다.

② 자신만의 기호를 만들어냅니다.

줄여쓰기 약어를 사용하거나 자신만의 기호를 만들어냅니다(표 16).

③ 내용을 단계나 수준별로 정리합니다.

중요내용이나 개념을 정리하면서 수준별로 번호를 붙여줍니다.

주제나 소제목에 대한 번호 매김은 전체적인 흐름과 개념관계 파악에 필수적인 요소입니다.

④ 강조부분을 표시합니다.

교사가 칠판에 적거나 설명을 보충하거나 강조한 내용은 반드시 '중요' 표시를 합니다.

표 16 짧게 줄여 쓰기 (예시)

일반적인 약어			
↑	상승, 증가	〈	점진적 증가
↓	하강, 감소	〉	점진적 감소
=	동의어, 같음	ex	사례
∵	왜냐하면, 원인	cf	비교
∴	그러므로, 결과	P	페이지
±	범위	Q	질문
+	추가, 첨가	or	또는
−	빼기	&	그리고
★	중요한 것	etc	기타
≠	다르다, 차이	%	퍼센트
≒	약, 대략		
부분 글자로 대치하기			
관대	관계대명사	eng	영어
min	최소	math	수학
max	최대	인포	정보(information)
개발 약어			
b4	before	OK	이해, 정리가 된 것
u	you	V	나중에 봐야 할 것
◐	부분적으로 이해한 내용	※	시험에 나오는 것

⑤ 읽기자료나 참고문헌은 기록합니다.

수업 중 교사가 추천한 참고자료는 기록합니다. 제시된 참고자료는 나중에 깊이 있는 이해와 조사를 위해서 매우 중요한 자료로 활용될 수 있습니다.

⑥ 수업 후 20분 내에 노트내용을 확인합니다.

수업 후 20분 이내 새로운 정보의 반을 잊게 되고, 1개월 후에는 정보의 78%가 사라진다고 합니다.

⑦ 수업 후 전체 흐름을 파악하고 의문점을 해결합니다.

수업 후 1주 이내 반드시 복습하고, 의문점이 있으면 교사에게 개별적으로 묻거나 검색을 통해 이해하도록 합니다. 전체적인 내용을 체계적으로 살펴보고 정리하고, 개념과 이론의 상호관계와 의미를 파악합니다. 지난 수업과 다음 수업과의 관련성 등을 생각해봄으로써 시험과 다른 교과와의 연계에 도움이 됩니다.

(3) 코넬식 노트필기의 효과

① 학습내용을 한눈에 알아볼 수 있습니다.

② 학습내용을 잘 기억할 수 있습니다.

③ 학습내용을 깊이 있게 이해할 수 있습니다.

④ 학습에 대한 동기와 태도를 향상시킵니다.

⑤ 학습내용을 체계적으로 정리하고 조직화 할 수 있습니다.

내가 「사기」를 지은 것은 지난 일의 연고를 서술하여
미래를 내다보기 위해서다.
사 마 천

3. 논술쓰기 전략

좋은 글을 쓰기 위한 방법에는 약간의 차이가 있습니다. 그러나 좋은 글을 쓰기 위한 전문가들의 의견에는 거의 차이가 없습니다. 글쓰기는 다음과 같이 3단계로 구성됩니다.

1) 글쓰기의 단계

(1) 계획: 미리 쓰기

대부분의 사람들은 계획과 작문, 수정을 동시에 하지 않습니다. 사람들은 이미 작성한 글을 수정하면서 계획과 수정이 필요함을 깨닫게 됩니다. 그러나 좋은 글을 쓰는 사람은 높은 수준의 논리적 전개에 대해 초점을 맞추기 때문에 글을 쓰기 위한 계획에 많은 시간을 보냅니다. 이러한 계획에는 3가지 단계가 있습니다.

첫 번째, 작문에 필요한 정보를 입수해야 합니다. 이것은 장기기억이나 주위환경에서 정보를 찾는 것에서 시작됩니다. 즉 글을 작성하는 자가 사고발생 목격자를 직접 인터뷰하는 경우나, 학생이 보고서 작성을 위해 도서관에서 자료를 찾는 경우입니다.

두 번째, 글쓰기 계획은 글쓰기 목적에 대한 결정을 포함합니다. 어떤 경우에는 교사가 에세이 주제를 제공하기도 합니다. 예를 들면, '여러분은 올해 여름방학에 무엇을 했는가'라고 제시하는 것과 같습니다. 그러나 대부분의 경우 작문의 주제는 글쓰는 이에게 주어집니다. 그리고 글쓰는 이가 독자에게 어떠한 전달을 하고 싶어 하는가에 달려있습니다. 예를 들면, '고의적 살인'에 관한 글을 쓴다고 하죠. 교수형을 주장하기 위해서는 독자들로부터 동정심을 제거하는 방향으로 써야만 합니다. 그와 반대인 경우에는 교수형에 대한 항의처럼 독자들로부터 정치적 행동을 이끌어내야만 합니다. 그 목적은 글쓰기의 계획단계에서부터 명확해야만 하는 것입니다.

세 번째, 작문계획은 작문목적과 관련 있는 선택된 정보의 재조직을 포함합니다. 계획의 하부단계는 정보의 탐색입니다. 몇몇 학자들은 자료탐색은 복잡하며 다음 단계를 거쳐야 한다고 주장합니다.

① 글쓰는 목표의 설정: 될 수 있는 한 목표가 구체화 되어야만 합니다. 그리고 독자가 누구인지를 확인해야만 합니다.

② 자료의 선택: 글쓰기에 충분한 내용을 확보하기 위해 유용한 자료를 찾아야만 합니다. 관련 있는 자료들 중 가장 중요한 정보를 확인해야만 합니다. 그러한 정보는 주제와의 연관성이 명확해야 합니다.

③ 계획 단계: 글의 내용을 잘 조직해야 합니다.

④ 통합: 이전에 알고 있던 지식과 자료 내의 정보들이 새로운 정보로 통합되어야만 합니다.

⑤ 수정: 계획과 초안 단계에서 새로 발견한 것들을 추가해서 수정합니다.

물론 이러한 과정은 일직선상으로 진행되지 않으며 순회합니다. 수많은 자료들 중에서 정보를 찾는 것은 쉬운 일이 아닙니다. 학생들은 자주 자신이 찾는 자료가 자기에게 있음에도 불구하고 정보를 확인하는데 실패합니다. 자료를 찾는 일은 어려운 일입니다. 그러나 작가가 글을 쓰기 위한 충분한 정보를 확보하기 위해서는 필수적인 일입니다.

(2) 수정판의 구성

계획에서 구성으로의 변화단계는 글을 통해 전체 윤곽을 만드는 것을 의미합니다. 즉 작문계획에 기초하여 논리적 표현과 문단을 만들어 가는 것입니다. 훌륭한 작가는 글을 쓰기 전에 작문계획을 세웁니다. 그들은 또한 글을 쓰면서 고칩니다. 그리고 그들이 글을 작성하는 중에 발견하는 새로운 사실들로 작문을 더욱 정교하게 만듭니다.

(3) 재 작문: 편집과 수정

수정은 실제로 단어, 문장을 쓰기 전부터 시작됩니다. 그러나 우리는 흔히 초고가 완성된 후 시작하는 것으로 생각합니다. 본질적으로 수정에는 두 단계의 하부단계가 있습니다. 첫 번째는 이미 작성된 것을 읽는 것입니다. 두 번째는 그것을 편집하는 것입니다. 편집은 문장이나 마침표와 같은 기술적인 잘못을 찾는 것을 포함합니다. 만일 초안을 읽는 중 문장의 의미가 잘 전달되지 않는다면 어떻게 해야 할까요? 편집은 기술적인 교정이 아니라 작가의 의도와 일치할 수 있도록 고쳐야만 합니다. 그리고 글의 목적은 수정하는 중에도 마음속에 간직하고 있어야만 합니다. 만일 초안이 그 목적에 도달하지 못하고 있다면 어떻게 해야 할까요? 그런 경우에는 추가적인 계획과 재서술이 필요합니다.

2) 논술 작성요령

논술은 논증을 제시하는 글입니다. 즉 논술이란 일정한 주제를 논하여 자기 의견을 서술하는 것입니다. 어떤 주제가 가지고 있는 문제를 따지고 가려서 그에 대한 자기의 생각을 서술하는 것입니다.

이때 서술은 논리적이어야 함을 전제로 합니다. 여기서 논리적이란 어떤 의미일까요? 자신의 주장을 적절한 근거를 바탕으로 객관적 시각으로 전개하는 것을 의미합니다. 이처럼 논술은 일정한 주제에 대하여 자기의 의견이나 주장을 내세워야 합니다. 그리고 그것을 타당성 있는 근거로 뒷받침해야 합니다. 즉 논술은 주어진 과제를 논리적 과정을 통해 해결하고, 그 결과를 서술하는 글쓰기라 할 수 있습니다.

(1) 솔직하게 쓰자

좋은 글의 첫 번째 요건은 솔직함입니다. 잘 모르는 것을 아는 것처럼 쓰면 금방 탄로가 납니다. 자신이 아는 범위 내에서 글을 쓴다는 마음가짐이 필요하겠죠.

(2) 논술의 핵심은 논리력과 독창성이다

미사여구를 사용한 아름답고 매끄러운 문장도 좋습니다. 그러나 생각이 논리적이지 못하면 아무 소용이 없습니다. 화려한 문장보다는 논리적인 사고를 드러내는 것이 더 중요합니다. 창의적 사고의 가치는 너무 많이 강조되어 왔습니다. 창의성을 발휘하기 위해 비논리적인 주장을 하지 않도록 유의해야 합니다.

(3) 유의사항을 지키자

대부분의 경우 논술문제에는 유의사항이 덧붙여 있습니다. 예를 들면, 제목, 이름은 쓰지 말 것, 반드시 흑색 혹은 청색 펜을 사용할 것, 논술문의 형식을 갖추되 본론은 반드시 두 문화의 장단점을 비교하는 내용으로 쓸 것 등 다양한 유의사항이 첨부되어 있습니다. 이러한 유의사항은 반드시 지켜야 합니다. 시험에 따라서는 유의사항을 지키지 않은 답안을 0점 처리하는 경우도 있습니다.

(4) 자료제시 내용을 옮겨 쓰지 말자

자료제시형 문제일 경우 제시내용을 옮겨 쓰는 학생이 의외로 많습니다. 심지어 유의사항에 '위의 자료로 제시된 문장을 그대로 옮겨 쓰지 말 것, 본문의 내용을 한 문장 이상 그대로 옮겨 쓰지 말 것' 등을 제시하는 경우도 있을 정도입니다. 자료의 제시내용을 그대로 옮겨 쓰면 옮겨 쓴 만큼 불이익을 당합니다.

(5) 간결한 문체가 유리하다

문장이 길어지면 논리전개가 잘못될 가능성이 큽니다. 문장이 짧으면 생각을 분명하게 드러내기 쉽고 그만큼 논리 전개도 쉬워집니다.

(6) 글씨가 반듯하면 유리하다

답안지에 글씨체를 강조하는 학교는 없습니다. 그러나 반듯하고 단정한 글씨가 채점자에게 더 높은 호감을 줍니다. 채점자가 알아보기 어려운 가독성이 떨어지는 글씨는 마치 면접장에 반바지나 체육복을 입고 가는 것과 같습니다. 답안지 해독이 어려운 글씨는 곤란하지 않을까요?

3) 글쓰기 방법과 훈련

(1) 추론하기

서로 관련된 둘 이상의 대상들은 지속적이든 일시적이든 관계를 맺고 있습니다. 추론은 바로 이러한 관계들을 발견하고 비교하는 것입니다[65]. 만약 어느 집에서 빛이 새어나오고 음악이 들린다

---

65 장동익(2004). 흄 인성론(해제), 서울대학교 철학사상연구소.

면, 우리는 어떤 사람이 집에 있을 것이라고 추론할지도 모릅니다. 그러나 이 추론은 맞을 수도 있고 틀릴 수도 있습니다. 아마 사람이 집을 나갈 때 전등과 TV를 끄지 않았을 수도 있기 때문입니다.

다음의 보기는 사실과 관련된 내용과 진술로부터 시작됩니다.

다음에 제시된 각각의 사실 진술을 읽고 난 후 여러분은 몇 가지 가능한 추론, 즉 진술과 관련한 사실로부터 유도된 결론을 발견할 것입니다. 각각의 추론을 서로 독립적으로 조사해야 하고 사실 유무에 대해 결정해야 합니다.

각 추론은 '사실이다', '아마 사실이다', '자료가 불충분하다', '아마 사실이 아니다', '사실이 아니다'로 분류되며, 각 추론의 답안을 해당란에 표시하면 됩니다.

① '사실이다'

추론이 완벽하게 사실이라고 생각한 경우에 해당합니다. 이것은 주어진 사실로부터 의심의 여지가 없을 경우입니다.

② '아마 사실이다'

주어진 사실에 비추어서 추론이 '아마 사실일 것이다'라고 생각한 경우입니다. 즉 거짓보다 사실에 더 가까운 경우에 해당합니다.

③ '자료가 불충분하다'

여러분이 불충분한 자료를 가지고 있다고 결정한 경우입니다. 즉 주어진 사실로부터 추론이 사실인지 아닌지를 판가름할 수 없습니다. 이는 사실이 한 가지 방법 또는 다른 방법을 판단할 근거를 제공하지 않는 경우입니다.

④ '아마 사실이 아니다'

주어진 사실에 비추어서 추론이 '아마 사실이 아닐 것이다'라고 생각한 경우입니다. 즉 사실보다 거짓에 더 가까운 경우에 해당합니다.

⑤ '사실이 아니다'

여러분이 추론이 분명히 거짓이라고 생각한 경우입니다. 즉 주어진 사실을 잘못 해석하고 있거나 그러한 사실로부터의 추론이 모순되기 때문에 잘못되었다고 판단한 경우입니다.

추론연습 (예시)

10대 초반으로 구성된 200명의 학생들이 최근 중부도시에서 열린 주말 학생회의에 자발적으로 참석했다. 이 회의에서는 인종문제와 영구적인 세계평화를 얻는 방법이 토론되었고, 그 이유는 학생들이 이 문제들을 오늘날 세계에서 가장 중대한 문제로 선정하였기 때문이다.

	사실이다	아마 사실이다	자료가 불충분하다	아마 사실이 아니다	사실이 아니다
1. 회의에 참석한 학생집단은 10대 초반의 다른 학생보다 전반적인 사회문제에 더 예리한 관심을 보였다.					
2. 대부분 학생들은 그날 회의 주제에 대해 학교에서 이전에 토론한 적이 없다.					
3. 학생들은 나라의 모든 지역에서 모였다.					
4. 학생들은 주로 노동에 관련된 문제에 대해서 토론했다.					
5. 어떤 십대학생은 인종문제와 세계평화의 추구방법을 토론하는 것에 대해 가치 있게 느꼈다.					

(2) **가정인지하기**

가정은 어떤 사실을 미리 예측하거나 당연한 것으로 받아들이는 것입니다.

여러분이 '난 6월에 졸업할 것이다'라고 말할 때 여러분은 6월에 살아있을 것이라는 것을 당연하게 생각하거나 추측하고, '학교는 여러분이 6월에 졸업할 수 있다고 판단할 것이다'라는 가정을 바탕으로 한 것입니다.

다음 예시의 내용은 몇 가지의 제안된 가정을 수반합니다. 여러분은 주어진 가정이 진술에서 당연하다고 받아들여지면 '가정을 받아들인다'에 표시하고 당연하지 않다고 생각하면 '가정을 받아들이지 않는다'에 표시해야 합니다. 각각의 가정은 서로 개별적으로 판단해야 하는 것임을 명심해야 합니다.

가정인지 연습 (예시)

우리는 그 곳에 도착하기 위해 시간을 절약해야 한다.
따라서 비행기를 타고 가는 편이 낫다.

	가정을 받아들인다	가정을 받아들이지 않는다
1. 비행기를 타는 것은 어떤 다른 운송방법으로 가는 것보다 시간이 덜 걸릴 것이다.		
2. 비행기에는 우리가 사용할 수 있는 목적지까지의 최단거리를 이용하는 서비스가 있다.		
3. 비행기 여행은 기차여행보다 더 편안하다.		

(3) 연역적 방법

여기서 제시된 연습문제는 결론을 가져오는 몇 개의 진술로 구성됩니다.

여러분은 연습문제에 있는 진술들이 예외 없이 사실인가를 고려해야 합니다. 진술 다음에 있는 결론을 읽은 후 결론이 주어진 진술에서 비롯된 것이 옳다고 생각하면 '결론을 따른다'에 표시하고, 주어진 진술로부터 옳지 않다고 생각하면 여러분의 일반적인 지식으로서는 사실이라고 판단될지라도 '결론을 따르지 않는다'에 표시해야 합니다.

연역적 방법 연습 (예시)

어떤 휴일에는 비가 온다. 비 오는 모든 날은 지루하다. 그러므로...

	결론을 따른다	결론을 따르지 않는다
1. 맑은 날은 반드시 지루하지 않다.		
2. 어떤 휴일은 지루하다.		
3. 어떤 휴일은 지루하지 않다.		

(4) 해석

아래의 연습은 결론이 따르는 몇 개의 짧은 문장으로 구성되어 있습니다.

이 연습의 목적을 위해 우선 주어진 예시의 문장에 나타난 모든 내용들이 사실이라고 추측합시다. 문제는 각각의 결론이 문장에서 주어진 정보를 바탕으로 논리적으로 유추된 것인가 아닌가를 판단하는 것입니다. 여러분은 제안된 결론이 논리적으로 유추되었다고 생각하면 '결론을 따른다'에 체크하고, 각 결론을 서로 개별적으로 판단함을 기억해야 합니다.

해석 연습 (예시)

8개월부터 6세 사이 어린애의 어휘력 발전에 대한 연구는 어휘력 정도가 8개월 전에는 0인 상태에서 6세에는 2,565개 단어까지 증가함을 보여준다.

	결론을 따른다	결론을 따르지 않는다
1. 이 연구를 보면 어떤 아이도 6개월까지 말하는 것을 배우지 않았다.		
2. 어휘력의 발달은 어린이가 걷는 것을 배우는 기간 동안 가장 느리다.		

(5) 토론 평가

중요한 질문을 결정할 때 강한 주장과 약한 주장의 차이를 구분하는 것이 바람직합니다.

강한 주장은 질문에 중요하거나 직접적으로 관련됨이 틀림없습니다. 주장이 약하다는 것은 주장이 질문에 직접적으로 관련이 되지 않았거나 혹은 중요성이 없거나 질문에 사소하게 연관된 경우입니다.

아래는 일련의 질문들입니다. 각 질문에는 몇 가지 주장이 따릅니다. 이 연습의 목적을 달성하기 위해서는 각 주장이 사실인가를 확인해야 합니다. 즉 문제는 그것이 강한 주장인가 약한 주장인가를 결정하는 것입니다. 당신이 판단하기에 주장이 강하다고 생각되면 '주장이 강하다'에 표시하고, 주장이 약하다고 생각되면 '주장이 약하다'에 표시해야 합니다.

질문에 대한 여러분의 개인적 태도가 주장의 평가에 영향을 미치지 않도록 해야 합니다. 왜냐하면 여러분의 개인적 태도에 따라 각 주장이 사실인 것으로 간주되기 때문입니다.

토론평가 연습 (예시)

우리나라의 모든 젊은 사람은 대학에 가야만 하는가?

	결론을 따른다	결론을 따르지 않는다
1. 예: 대학은 학교에서 노래와 즐거움을 배울 기회를 학생에게 제공한다.		
2. 아니오: 젊은 사람의 대부분은 대학으로부터 어떤 혜택이 될 수 있는 충분한 능력이나 흥미를 갖지 않는다.		
3. 아니오: 과다한 공부는 결국 개인의 성격을 비뚤어지게 만든다.		

4. 포트폴리오 만들기

1) 포트폴리오란 무엇인가요?

포트폴리오(portfolio)는 여러분의 재능과 자기주도학습 과정, 그리고 자신의 다양한 교육경험들을 입증하고 자신의 교육적인 성과들을 증명하는 각종 기록들을 한곳에 모아놓은 서류철입니다. 포트폴리오를 만드는 목적은 자신의 역량을 입증하는데 필요한 자료를 체계적으로 정리하기 위해서입니다. 포트폴리오는 여러분이 가지고 있는 목표와 가치관을 반영하여 현재 자신이 가지고 있는 역량을 나타냅니다. 그리고 여러분이 어떠한 경로와 단계를 거쳐 지금의 상태로 성장해왔는지를 설명하는데 도움을 줍니다. 따라서 포트폴리오는 여러분이 지금까지 이룩한 성과를 구체적으로 나타내는 체계적이고 전문적인 자료라고 할 수 있습니다.

2) 포트폴리오는 어떻게 만드나요?

포트폴리오는 자신의 꿈을 실행하기 위해서 나아가는 지도(map)와 같습니다. 지금까지 자신이 무엇을 해왔는지, 무엇을 할 것인지를 나타내는 이정표라고 할 수 있기 때문입니다. 따라서 자신의 방향과 목표, 생각과 의지가 바탕에 깔려 있어야 합니다. 또한 포트폴리오의 핵심은 양이 아니라 질에 있습니다.

그렇다면 학생으로서 포트폴리오를 통해서 보여줄 수 있는 것은 무엇일까요? 자신의 진로와 관련된 진로활동에 관한 자료, 학습자의 학습활동 및 연구조사 보고서에 관한 자료. 독서목록 및 독서활동에 관한 자료, 그리고 동아리활동 · 봉사활동 · 리더십 등을 포함하는 창의적 체험활동에 관한 자료 등이 있습니다. 이러한 내용들을 구체적으로 나타내면 다음과 같습니다.

(1) 진로활동에 관한 자료

자신의 진로활동 및 원하는 상급학교에 대한 지원동기 및 전공의 적합성에 관한 자료들을 모두 모아서 정리하세요. 아래는 대표적인 진로교육 및 채용정보 사이트들입니다.

- 리쿠르트 http://www.recruit.co.kr
- 청소년 워크넷 http://www.work.go.kr/youth
- 사람인 http://www.saramin.co.kr
- 서울직업교육정보센터 http://www.happy-4u.net
- 잡코리아 http://www.jobkorea.co.kr
- 커리어 http://www.career.co.kr
- 서울일자리 플러스센터 http://www.job.seoul.go.kr
- 스카우트 http://www.scout.co.kr
- 인쿠르트 http://www.incruit.co.kr

(2) 연구조사 및 학습활동에 관한 자료

지금까지 또는 앞으로 관심 있는 부문의 연구보고서 및 학습 관련 자료들을 모아서 정리해 놓으세요(그림 26, 표 17).

헤드라인M, 22p

- 글상자 테두리선 0.3mm -

중고딕, 15p, 글상자색상 연녹색, 글상자선 이중테두리
(본문에 문서 취지가 포함될 시 본 글상자는 생략 가능)

1. 헤드라인M, 16p

■ **휴먼명조 또는 헤드라인M, 15p, 1칸 들여쓰기**

o 영문소문자 o, 휴먼명조, 15p, 2칸 들여쓰기

– 하이픈, 휴먼명조, 15p, 3칸 들여쓰기

• 점, 휴먼명조, 15p, 4칸 들여쓰기

※ 중고딕, 13p, 3~7칸 들여쓰기

– 편집여백: 위 · 아래 15mm, 좌 · 우 20mm, 머리말 · 꼬리말 10mm
– 줄간격: 130%
– 기본글자체: 휴먼명조, 15p (제목: 헤드라인M, 강조: 중고딕)
– 목차체계: 보고서내용에 따라 번호체계 또는 도형체계 선택
– 문단간격: 임의로 설정
– 중요한 부분은 **진하게** 또는 파랑색 표시

그림 26 보고서 서식[66]

66 대통령비서실 보고서연구팀(2007). 대통령보고서. 위즈덤하우스.

표 17 연구보고서

(　　)학교 (　　)학년 (　　)반	이름:
주제(조사대상):	
1. 서론: 조사의 목적 2. 본론: 조사내용 (1) 조사방법 (2) 자료분석 3. 결론: 조사결과	

(3) 독서활동에 관한 자료

자신의 연구와 학습을 위해 지금까지 읽은 책들과 주제에 관한 구체적인 자료들을 정리하세요. 먼저 독서목록을 만들기 바랍니다(표 18). 책을 읽은 후에는 독서 포트폴리오를 만드세요. 독서 포트폴리오의 예는 표 19와 같습니다.

표 18 독서목록

20 년 월 일

분야	도서명	저자	출판년도	출판사
과학 · 기술				
문학 · 예술				
사회 · 경제				
역사				
종교 · 철학				

표 19 독서 포트폴리오

20　년　월　일

도서명		출판년도	
저자		출판사	
내용 요약			
느낀 점			
인용/메모			
관련 도서			

(4) 창의적 체험활동에 관한 자료

자신이 참가한 동아리활동, 봉사활동, 리더십에 관한 활동 및 자신의 관심을 나타낼 수 있는 자료들을 모으고 정리하세요. 표 20은 창의적 체험활동 포트폴리오의 예입니다.

표 20 창의적 체험활동 포트폴리오

활동영역	자율활동( ) 동아리활동( ) 봉사활동( ) 진로활동( )				
활동기간		활동장소		활동시간	
참여동기					
활동내용/사진					
느낀점/소감					
추후 활동계획					

3) 포트폴리오를 만드는 것이 무슨 의미가 있나요?

포트폴리오는 무엇보다 여러분의 진보와 향상을 구체적으로 나타낼 수 있는 도구입니다. 또한 포트폴리오를 통해 자신의 강점과 약점을 파악하고 이러한 부분을 자신에게 발전적이고 긍정적으로 반영하는데 도움을 줄 수 있습니다. 포트폴리오를 통해서 멘토나 코치와 같은 전문가로부터 필요한 부분이 무엇인지를 파악하고 피드백을 받을 수 있습니다.

또한 포트폴리오는 시냅스 러닝에 대한 학습자의 강점과 약점을 파악하고 반영하는데 도움을 줍니다. 포트폴리오는 교사나 학습코치가 학생의 필요를 파악할 수 있는 개별화된 수업이자 평가체제라고 할 수 있습니다. 또한 포트폴리오는 학생의 진보와 향상을 측정하는데 이용할 수 있습니다.

효율적 방법으로 효과적인 삶을 추구한다.
손 종 호

3 내게 맞는 학습전략은?

아침형 인간(morning person), 저녁형 인간(night person)이라는 말을 교육심리학 수업에서 들었습니다. 그래서 제가 아침형 인간인지 저녁형 인간인지 생각해 보았습니다. 제 경우에는 저녁 10시가 지나면 집중력이 흐려지고 잠이 쏟아집니다. 그런데 읽어야 할 논문이나 처리해야 할 과제가 많아서 종종 12시를 넘기면 그 다음날 수업에 지장이 생겼습니다. 그래서 저녁에는 10시 전후에 잠자리에 들고 아침 일찍 일어나 그 날 해야 할 일을 정리하고 메모하는 습관이 생겼습니다. 저는 전형적인 아침형 인간입니다.

교육심리학 교수가 노벨상 수상자들을 포함한 세계 다양한 분야의 석학들을 인터뷰하고 연구한 결과를 말해주었습니다. 그들은 일반적인 능력의 인간으로서는 상상할 수 없는 연구결과와 창의력을 발휘합니다. 그 교수의 연구결과에 따르면, 세계적인 석학들에게는 몇 가지 공통적인 특징이 있다고 했습니다. 첫째는 세계적 석학들 대부분이 아침형 인간이라는 것입니다. 그들은 아침 일찍 일어나 그날 해야 할 일을 정리합니다. 그리고 사고를 요하는 어려운 문제는 하루 일과 중 틈틈이 생각을 계속합니다. 저녁형 인간은 밤늦게까지 집중하지만 잠을 자야 합니다. 그래서 생각의 흐름이 끊긴다는 한계가 있다고 했습니다. 둘째, 세계적인 석학들은 팀워크(teamwork)를 중요시 한다는 것입니다. 혼자서 연구하는 데는 한계가 있습니다. 주제를 놓고 함께 역할분담을 하면 과제의 중압감이 줄어들어 창의성이 더욱 발휘됩니다. 셋째, 세계적인 석학들은 연구시간과 휴식시간을 철저하게 분리한다는 것입니다. 그들은 주중에는 연구에 집중합니다. 그러나 주말이면 가족과 함께 여행을 떠나거나 자신만의 시간을 가짐으로써 재충전합니다. 저는 세계의 석학들을 분석하고 연구한 결과와 방법들을 제 생활에 그대로 적용하였습니다.

그러나 어디에서나 시험은 존재했습니다. 저의 경우 주관식 문제의 답안을 작성하는 것이 힘들었습니다. 교육심리학 수업에서 교수가 '연상법'을 소개하고 직접 시범을 보여주었습니다. 미국 프로미식축구팀의 선수명단을 무작위로 제시하라고 했습니다. 그리고 10분 동안 그 이름을 모두 암기한 후 완벽하게 재생해 보였습니다. 그래서 저도 주관식 시험에 연상법을 적용했습니다. 그렇게 하니 10장 정도의 암기분량을 1장으로 압축해서 외울 수 있었습니다.

미국의 대학교에서 수업발표(presentation)는 중요합니다. 대학교에서는 과제를 보고서로 제출하는 것뿐만 아니라 발표도 해야 합니다. 수업발표는 시각적인 것, 청각적인 것 모두 중요합니다. 미국 대학생들은 평시에는 편한 복장, 예를 들면 티셔츠에 반바지 차림으로 수업에 들어갑니다. 그러나 수업발표가 있는 날은 정장에 넥타이를 매고, 여학생은 가장 멋진 원피스를 입고 출석합니다. 그런 날은 눈이 호강합니다. 캠퍼스를 다니다가 정장스타일의 남학생, 여학생이 지나가는 걸 보게 됩니다. 그러면 '쟤들 오늘 중요한 발표가 있구나' 이렇게 짐작합니다. 만약 발표 전이면 긴장한 표정이 역력하고, 발표 후면 밝거나 우울한 표정들이죠. 발표는 개별적이거나 팀별입니다. 발표 후 토의시간에는 교수나 동료학생들의 신랄한 질문과 응답과정을 거쳐야 합니다. 이때는 즉각적인 순발력이 필요합니다. 교수나 학생들의 질문에 제대로 답변하지 못하면 발표내용에 대해 자신감이 없거나 준비가 부족한 것으로 간주됩니다. 저를 포함한 대부분의 한국유학생들이 이러한 토의(discussion)부분에서 한계를 느낍니다. 저는 매 학기 보고서 주제를 선택하는데 고민을 많이 했습니다. 그래서 일반적인 시각에서 벗어나거나 전문적인 지식이 필요한 내용을 주제로 선택했습니다. 그리고 토의시간의 질문을 대비하여 예상 질문을 만들었습니다. 그래서 저에게 발표하는 내용이 무엇인지 물을 수밖에 없는 상황으로 이끌어갔습니다. 저의 의도대로 되었을 때는 잘 되었고, 그렇지 않았을 때는 실패했습니다.

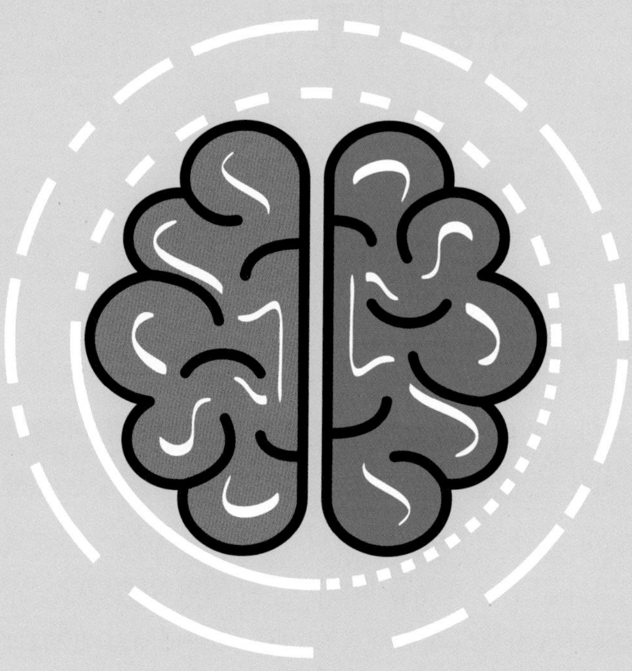

제3부

시냅스 러닝 적용 및 평가

공부는 앞서가는 학생들을 지적으로 자극하며 뒤처진 학생들이 포기하지 않도록 격려하면서 함께 걸어가는 유쾌한 산책길이다.

손종호

CHAPTER

6 적용 및 평가

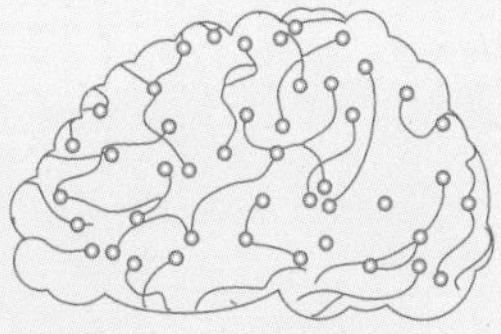

1 공부를 왜 관리해야 할까?

공부는 마라톤과 같습니다. 공부를 하지 않아도 운이 좋으면 시험을 잘 치를 수 있습니다. 그러나 계속 운이 좋을 수는 없습니다. 언젠가는 그 대가를 치러야만 합니다. 저는 지금까지 공부하지 않고 좋은 결과를 얻는 학생을 딱 한 명 본 적이 있습니다. 우리나라 초등학교 5학년 학생이 독학으로 영어를 익혀 내셔널지오그래픽(National Geographic) 영문판을 읽는 것이었습니다. 그것도 재미삼아... 저도 부러웠습니다. 그 학생의 두뇌는 스펀지와 같아서 읽고 보는 것들을 모두 흡수하는 영재였습니다. 그러나 우리는 영재가 아닙니다. 우리는 씨를 뿌린 만큼 거둡니다. 때로는 홍수나 가뭄으로 뿌린 만큼도 거두지 못할 수 있음을 알아야 합니다. 그러나 씨를 뿌려야 합니다. 씨를 뿌리지 않으면 열매도 없으니까요.

저는 매일 조금씩 씨를 뿌리는 쪽을 택했습니다. 하루라도 잠을 충분히 자지 못하면 다음 날 체력적으로 힘들었기 때문입니다. 매일 10시경에 잠자리에 들면 5시에 일어났습니다. 미국 슈퍼마켓에 가면 수많은 종류의 맥주들이 있지만 체질적으로 술을 마시지 못하는 저와는 관계가 없었습니다. 담배는 중학교 3학년 때 피우기 시작해서 27세에 끊었습니다. 그럼 무엇으로 스트레스를 풀었을까요?

틈날 때마다 운동을 했습니다. 미국에서는 골프를 했습니다. 골프는 저에게 스트레스 해소용이었습니다. 1993년 LA에서 골프를 처음 시작했습니다. 1시간당 30불(3만 원 정도)의 레슨비가 아까워 따로 골프를 배운 적도 없습니다. 승용차 트렁크에 골프채를 싣고 연습장에 가서는 혼자 손바닥에 물집이 터지도록 공을 쳤습니다. 미국에서는 주위 사람이 골프를 잘 치든 못 치든 서로 간섭하지 않습니다. 그것이 편했습니다. 링컨(Lincoln)에 와서는 한국유학생들과 때때로 라운딩(rounding)을 했습니다. 골프 스코어는 형편없었습니다. 공을 치는 것(hit)이 아니라 양떼를 몰듯이 공을 굴려갔으니까요. 퍼블릭 골프코스(public golf course)의 18홀 비용은 20불(2만 원 정도)이었습니다. 그것도 부담이 되어서 나중에는 일몰시간대(twilight zone)를 이용하였습니다. 여름에는 오후 5시경 골프클럽에 가면 혼자서도 필드에 나갈 수 있었습니다. 미국 퍼블릭골프코스에는 일반적으로 캐디(caddy)가 없습니다. 골프채를 메고 혼자 라운딩하다가 해가 떨어지면 클럽하우스로 돌아오는 것입니다. 비용은 7불(6,000원) 정도였습니다. 필드에 나가면 때로는 아무도 없었습니다. 그 넓은 골프장에 저 혼자 있는 것이죠. 혼자서 필드에 그렇게 서 있으면 세상의 주인이 된 것 같았습니다. 골프는 잊어버리고 어스름히 저물어가는 석양을 바라보기도 했습니다. 골프채를 메고 클럽하우스(clubhouse)로 터벅터벅 걸어 돌아올 때는 그런 생각들을 떠올렸습니다. '언젠가 나도 공부를 마치면 한국으로 돌아갈 수 있겠지' 그것이 때로는 유일한 즐거움이었습니다.

체력이 뒷받침되지 않으면 공부를 계속할 수 없습니다. 몸이 약해지거나 아프면 집중력이 떨어집니다. 그렇게 되면 목표의식이 흐려집니다. 유학생들은 아파도 병원에 갈 시간적 · 경제적 여유가 없습니다. 심지어 어떤 한국인 유학생은 졸업논문 작성 중 소화불량으로 복통이 생겼습니다. 그래서 전기다리미를 가장 약하게 한 후 배를 문지르다 화상흉터가 생겼다고 했습니다. 저는 체력관리를 위해 체육관에서 따로 운동할 여유가 없었습니다. 학생주차장과 도서관, 강의실의 거리가 걸어서 20여 분 정도 걸렸습니다. 차를 주차한 후 저녁강의가 끝날 때까지 도서관, 강의실을 백팩(backpack)을 메고 걸어 다녔습니다. 링컨은 미국 중부에 위치한 도시입니다. 여름에는 기온이 영상 40도 이상 올라가고 겨울에는 영하 20도 이하로 내려갑니다. 학생주차장에서 도서관까지 20여 분 정도를 걸어가면 여름에는 찌는 듯하고, 겨울에는 추위에 드러난 살갗이 회초리로 맞는 듯합니다. 다행인 것은 건물 자체가 냉 · 난방시설이 되어 있었습니다. 그래서 아무 건물이나 들어가면 더위나 추위를 녹일 수 있었습니다. 우리나라도 언젠가 미국처럼 경제적으로 부유하게 되기를 바랍니다. 지금도 미국에 거주하는 기간 동안 아프지 않고 건강했던 것을 감사하게 생각합니다.

1. 자기진단 테스트

새 학기가 시작하면 다음 표 21의 질문 중 가장 알맞은 답에 연필로 표시하세요. 학기나 학년을 마칠 때 다시 테스트하고 그 결과를 비교해 보세요. 어느 정도 개선이 되었나요?

표 21 자기진단 테스트

	맞다			아니다	
	5	4	3	2	1
1. 나는 나의 생활을 잘 조절하고 있는 것 같다.					
2. 나는 매일 계획세우기로 하루를 시작한다.					
3. 나는 체계적이다.					
4. 나는 의사소통을 잘한다.					
5. 사람들은 내가 상대의 말을 잘 들어준다고 말한다.					
6. 나는 약속을 잘 지킨다.					
7. 나는 친구들이 잘 하면 기뻐한다.					
8. 나는 다른 사람들의 행복에 관심을 보인다.					
9. 나는 규칙적으로 목표를 정한다.					
10. 나는 다른 사람들과 함께 공부하는 것이 즐겁다.					
11. 나는 우선순위를 정한 후 가장 중요한 것을 먼저 한다.					
12. 나는 독서와 공부 등을 통해 자신을 훈련한다.					
13. 다른 사람들도 종종 귀중한 아이디어를 내놓는다.					
14. 나는 규칙적으로 운동하며 건강에 좋은 음식을 먹는다.					

평가점수

- 60점 이상 -------------------------------- 훌륭하다!
- 50점 이상 -------------------------------- 잘 하고 있다!
- 40점 이상 ---------------------------------나쁘진 않지만 개선의 여지가 있다.
- 30점 이상 ---------------------------------노력이 필요하다
- 29점 이하 ---------------------------------개선할 점이 많다.

2. 주체적인 사람이 되어라

"나는 내 인생을 이끌고 가는 선장이다. 나는 나의 태도를 정하고, 나 자신의 행복과 불행을 책임진다. 내 운명의 배를 조종하는 사람은 바로 나이다. 나는 승객이 아니다."

우리는 매일 주체적으로 생활할지 아니면 소극적으로 대응할지를 선택할 기회를 약 100번 정도 가진다고 합니다. 나들이를 갔는데 날씨가 나쁘거나, 동생이 내 옷을 몰래 입고 나가거나, 친구가 내 험담을 하거나, 시험성적이 아주 나쁜 날이 있습니다. 이런 일을 당하면 여러분은 어떻게 하나요? 화가 나서 마구 떠들어대나요? 아니면 그저 너그럽게 봐주나요? 선택은 바로 여러분의 몫입니다. 그런 일들을 성장의 기회로 생각하세요.

문제가 생겼나요? 좌절했나요? 그러면 잠시 정신적 휴식을 취하는 버튼을 누르세요. 동영상의 일시정지(pause)기능 같은…

쉬고 나서 대응하세요. 절대 먼저 화내지 마세요.

이렇게 해보세요.

① 숫자를 10까지 천천히 헤아려보세요.

② 고무줄을 손목에 매고 있다가 대응적인 말을 할 때마다 고무줄을 당겼다 놓으세요.

주체적 태도	대응적 태도
내가 하는 주체적 행동은 무엇인가?	대응적 행동은 무엇인가?

주체적인 사람이 되어보세요. 다음과 같은 상황에서 당신은 어떻게 할까요?

① 원하는 성적을 얻지 못했을 때…

....

② 모둠구성과 모임에서 좋은 친구 하나가 모둠에서 빠졌다면…

....

③ 가족들과의 관계가 나쁘다면…

....

④ 누군가가 당신을 놀린다면….

....

3. 시너지(synergy)를 활용하라

기러기 떼가 V자 대형으로 날아가는 것을 본 적이 있나요?

과학자들은 기러기 떼의 비행에 대해 다음과 같은 사실들을 발견했습니다.

① 기러기 떼는 혼자서 날 때보다 71%를 더 멀리 날 수 있다.

② 뒤에 가는 기러기들은 앞서가는 리더를 격려한다.

③ 지친 리더는 V자 대형 뒤로 간다.

④ 기러기 한 마리가 병이 나면 다른 두 마리가 함께 남는다.

정말 영리하지 않은가요? 기러기들은 함께 일함으로써 혼자 일할 때보다 더 많은 것을 얻습니다. '시너지를 얻는다'는 것은 무엇을 의미할까요? 우리 속담에도 '백지장도 맞들면 낫다'라는 말이 있습니다. 간단히 말하면 혼자 일할 때보다 여러 명이 함께 일할 때 더 좋은 결과를 만든다는 것입니다.

시너지인 것	시너지가 아닌 것
• 차이가 있는 것을 환영한다. • 팀 중심으로 일한다. • 열린 마음을 갖는다. • 새롭고 더 나은 해결책을 찾는다.	• 차이가 있는 것을 억지로 참는다. • 혼자서 일한다. • 항상 자기가 옳다고 생각한다. • 타협한다.

더 좋은 방법이란 무엇일까요?

① 과제를 해야 하는데 모둠구성원 간에 의견이 맞지 않는다면?

② 친구와의 차이에 대해 생각해 보세요. 그 차이는 분위기를 더욱 결속시키나요?

③ 하루 동안 시너지의 예를 볼 때마다 적어 보세요.

4. 심신을 단련하라

당신이 숲속을 산책하는 동안 열심히 나무를 베고 있는 나무꾼을 만났습니다. 당신이 나무꾼에게 묻습니다. “무엇을 하고 있나요?”, “나무를 베고 있죠”, “얼마동안 일하고 있었나요?”, “벌써 4시간째요. 이제 많이 베었네요.” 얼굴에 땀을 뚝뚝 흘리면서 그가 말합니다. “톱날이 무디어 보이는데 잠시 시간을 내어 톱날을 가는 것은 어떨까요?” 당신은 말합니다. “아니요! 나는 톱질하느라고 너무 바빠요”

너무 바빠서 식사도 못할 경우가 있나요? 살아가느라 너무 바빠 자신을 돌이켜 볼 시간도 없나요? 자신의 톱날을 갈아 보세요. 즉 자신의 신체, 정신, 마음, 영혼을 쇄신(refresh)해 보세요.

심신을 단련하는 4가지 차원

신체 - 건강 운동, 식사, 수면, 휴식	**정신 - 지식** 독서, 공부, 글쓰기
감정 - 관계 친구관계, 봉사, 웃음, 사랑	**영혼 - 마음** 일기쓰기, 생각하기, 종교, 예술

'자신을 위한 시간'을 만들어 보세요.

① 운동을 시작하세요. 최소 1개월은 운동을 계속하고 하루계획에 운동 진행상황을 기록하세요.

② 공원이나 조용하고 한적한 곳에서 천천히 산책해보세요.

③ 매주 최소한 한 권의 책을 읽으세요. 힘들면 하루에 1시간 정도 책을 읽으세요.

④ 도움이 필요한 곳에 가서 자원봉사활동을 해보세요.

이제 개인적인 심신단련을 위해 해야 할 일은 무엇인지 아래에 구체적으로 적어보세요.

끊임없이 자신을 변화하려면 무엇을 해야 하는지 적어보세요.

신체적 차원	**정신 - 지식**
감정적 차원	**영혼적 차원**

5. 건강을 유지하는 5가지 생활습관

1) 먹는 습관

입맛에 맞지 않더라도 학교급식을 먹으세요. 학교급식은 어머니가 차려주는 음식만큼 맛있지는 않지만 여러분에게 필요한 영양소와 칼로리를 신중하게 고려하여 마련된 것입니다. 그리고 가장 적당한 시간에 음식을 먹을 수 있습니다. 식사할 때는 입맛에 맞지 않는 반찬이라도 한 번 이상 먹는 습관을 가지세요.

소화가 안 될 때는 양손을 비벼 열을 냅니다. 그리고 배꼽을 중심으로 시계 반대방향으로 계속 마찰하며 배를 마사지하세요. 복식호흡도 해보세요. 먼저 양손을 비벼서 복부를 감싸세요. 숨을 들이마시면서 배꼽 아래를 부풀리세요. 숨이 차면 내쉬면서 복부근육의 긴장을 풀어 이완시키면 됩니다. 트림이나 방귀가 나와서 편안해질 때까지 반복합니다.

2) 운동 습관

자주 씻는 습관을 가지세요. 공부하다 보면 피로해서 때로는 씻을 힘조차 없을 때가 있습니다. 그러나 몸을 씻으면 청결뿐만 아니라 피로에도 매우 좋습니다. 어느 정도의 피로는 몸을 씻는 것만으로도 풀립니다. 몸을 깨끗이 씻고 잠자거나 공부해보세요. 더 깊이 잘 수 있고 더 집중하여 공부할 수 있습니다.

머리가 아플 때는 눈을 감고 심호흡을 천천히 해보세요. 숨을 크게 들이마시면서 배꼽 아래를 부풀리고 숨을 내쉬면서 이완하세요. 숨을 마실 때는 맑은 기운이 복부로 확산되고 따뜻하다는 느낌으로 하세요. 숨을 내쉴 때는 탁한 기운을 뱉듯이 하세요. 이렇게 3분간 계속하면서 머리가 시원해진다는 암시를 걸어보세요.

눈의 피로는 집중력과 직결됩니다. 잠시 동안 눈을 감고 명상하거나 먼 산을 쳐다보세요. 또 양손바닥을 비벼서 열이 나면 세 손가락으로 감은 눈 위를 마사지해주세요. 10회 이상 계속하면 눈의 긴장이 풀리게 됩니다.

뒷머리가 무거울 때는 양손을 등 뒤로 돌리세요. 손등을 등에 붙여서 어깨를 뒤로 젖히세요. 숨을 마시고 내쉬면서 긴장을 풀어 보세요. 서너 번씩 반복하세요. 또 양손으로 귀밑의 오목한 곳을 누르세요. 가장 아프게 느껴지는 곳을 3초 간격으로 눌러주기를 반복하세요.

3) 자는 습관

'아침형 인간'과 '저녁형 인간'이란 말을 들어보았나요? 아침에 일찍 일어나서 하루를 시작하는 타입을 '아침형 인간'이라 합니다. 그와 반대로 밤늦게 하루를 마무리하는 타입을 '저녁형 인간'이라 합니다. 어느 타입에 속하든 중요한 것은 충분한 수면을 취해야만 합니다. 잠을 줄이고도 집중하여 공부할 수 있다면 좋겠죠. 그러나 잠자는 시간을 줄이는 것은 견디기 힘든 고통입니다. 자신의 생활스타일을 먼저 파악하세요. 그리고 깨어있을 때의 시간을 철저히 관리하세요.

잠이 오지 않을 때는 잠을 자야 한다는 강박관념을 갖지 마세요. 눈을 감고 있는 것만으로도 휴식이라고 생각하세요. 그리고 편안하게 잠들기를 기다리세요. 가장 싫어하는 과목의 책을 꺼내세요. 누워서 책을 들여다보면 졸음이 오고 잠들기 쉬워집니다. 그래도 잠을 못자서 괴로울 때는 자기 최면법을 써보세요. 편안히 누운 상태에서 양손과 양다리가 계속 무거워진다고 상상하세요. 그리고 점점 따뜻해지며 몸이 가라앉는다는 암시를 자신에게 걸어보세요. 그동안 자신도 모르게 잠에 빠지게 됩니다.

4) 입는 습관

교복을 입으세요. 단정하고 깔끔한 교복은 자신감과 정체감을 확인시켜 줍니다. 학생은 종일 교복을 입고 생활합니다. 교복을 자신에게 가장 잘 어울리는 옷으로 만들어야 합니다. 수능시험장에 가면 대부분의 학생들이 교복을 입고 시험을 치릅니다. 그것은 자신이 가장 많이 입고 생활해서 편하기도 하고 심리적인 안정을 주기 때문입니다. 몸에 맞는 옷은 피로감을 덜어줍니다. 단정하게 어울리는 옷은 자신감을 갖게 합니다.

5) 배변 습관

매일 아침 화장실에 가는 습관을 들이도록 하세요. 체조, 식이요법, 대장운동, 자기 암시, 일찍 일어나기 등 어떤 방법이라도 사용하세요. 학교에서 쉬는 시간 10분 만에 화장실에서 볼 일을 본다는 것은 쉽지 않습니다. 그렇지 않으면 하루 종일 묵직한 피로감과 불쾌감에 시달리게 됩니다. 이런 일이 이틀, 사흘만 이어지면 변비에 걸리게 됩니다. 공부시간과 잠자는 시간을 줄여서라도 화장실에 갔다가 등교하도록 하세요.

변비와 설사가 생길 때는 느긋한 마음을 가지세요. 물을 많이 마시고 섬유질이 풍부한 과일이나 야채를 섭취하세요. 약에만 의존하게 되면 대장이 자율능력을 잃게 되므로 주의해야 합니다. 설사가 계속되는 경우 찬 음식이나 우유와 같은 음식을 삼가고, 복부를 따뜻하게 찜질하세요. 잠들 때는 특히 체온유지에 유의해야 합니다.

자기 믿음과 확신은 중요하다.
그러므로 생명이 다하는 순간까지 지속되어야 한다.
손 종 호

2 공부를 어떻게 관리해야 할까?

네브래스카 주립대학교 박사과정 전공과목의 한 교수가 수업을 듣고 있는 학생들과 개별면담시간을 가지겠다고 했습니다. 교수 자신도 바쁠 텐데 학생들과 개별면담을 하자는 의도가 무엇일까? 모두 의아해했습니다. 그렇지만 면담이 끝난 학생에게 교수와 무슨 대화를 했는지는 물을 수는 없었습니다. 왜냐하면 미국은 개인주의 사회라서 정말 친한 친구관계가 아니면 서로 사적인 질문을 하지 않습니다. 예를 들면, 종교가 무엇인지, 몸무게 또는 나이가 몇인지, 연봉이 얼마인지, 결혼은 했는지 등의 질문은 예의에 어긋난다고 생각하기 때문입니다. 그 외에도 수업 중이나 식당에서 소리내어 재채기하는 것은 실례입니다. 코를 막는 한이 있더라도 소리를 내지 말아야 합니다. 반바지를 입을 때는 흰 양말을 신어야 합니다. 아침 수업이 있을 때는 김치나 된장찌개 같이 냄새나는 음식은 먹지 말아야 합니다. 이런 기본적인 생활예의에 대해서는 아무도 얘기해 주지 않습니다. 만약 이런 기초적인 예의범절을 지키지 않는다면 어떻게 될까요? 미국에서는 누구도 그것을 공개적으로 비난하지 않습니다. 단지 접촉을 피할 뿐입니다. 자신의 곁에 아무도 가까이 오지 않으면 스스로 살펴보고 판단해야 합니다.

그 교수의 일정표 중 비어있는 시간에 사인했습니다. 약속한 날 정한 시간에 교수연구실에 갔습니다. 교수가 여러 가지를 질문했습니다. '공부는 힘들지 않느냐? 어려운 점은 무엇인가? 수업은 재미있느냐?' 그런 질문과 대답을 몇 차례 하였습니다. 그러다가 내 눈을 바라보면서 마지막 질문을 던졌습니다. "이번 학기 이 과목에서 네가 받을 점수가 무엇이라고 생각하는가?" 그래서 저는 교수의 눈을 바라보며 주저 않고 대답했습니다. "A" 교수가 웃으면서 물었습니다. "내 수업을 듣는 동양인들은 대부분 B 또는 C를 얘기하는데 너는 왜 A냐?" 그래서 대답했습니다. "저는 영어가 짧습니다. 그러나 이 수업을 듣는 어느 학생보다 많은 교재를 읽었고 노력했습니다. 그래서 A를 받기에 충분한 자격이 있다고 생각합니다." 과연 제가 어떤 점수를 받았을까요? 저도 궁금했습니다. 그 학기가 끝나고 받은 성적표에는 'A+'라고 나와 있었습니다.

1997년 말 금융위기(IMF)가 닥쳤습니다. 워싱턴포스트(Washington Post)에서는 '한국이 채무지불 불능국가가 될지도 모른다. 그렇게 되지 않는다 하더라도 국가 채무를 갚는 데는 10년 이상의 시간이 걸릴 것이다'라고 보도했습니다. 환율이 1달러에 800원대에서 1800원대로 올랐습니다. 마흔이 되어가는 나이에 부모님께 경제적으로 의지하는 것이 너무 미안하고 힘든 상태였습니다. 환율증가는 매월 생활비로 100만 원을 지원받는 것이 40만 원으로 줄어든 것이나 마찬가지인 상황이었습니다. 주위 유학생 중에는 휴지통의 빈 캔을 주워 생활비에 보탠다는 얘기도 들렸습니다. 많은 학생들이 경제적 어려움으로 인해 공부를 포기하고 귀국했습니다. 그러나 이제 고지가 눈앞인데 그만 둘 수는 없었습니다.

1998년 모든 학점을 이수하고 종합시험을 치렀습니다. 그리고 졸업논문 예비심사가 있었습니다. 예비심사가 끝난 후 지도교수인 브라이언 교수에게 요청했습니다. 경제적 어려움으로 졸업논문은 한국에서 마무리할 수 있게 해달라고 했습니다. 저로서는 어쩔 수 없는 상황이었습니다. 브라이언 교수는 흔쾌히 허락해 주었습니다. 그도 한국의 사정을 알고 있었기 때문입니다. 그래서 저는 1998년 말 졸업논문을 마무리하지 못한 채 가족과 함께 귀국했습니다. 1999년 5월에 중학교에 지원서를 제출한 후 교사로 다시 채용되었습니다. 그러나 졸업논문을 마무리해야 했기 때문에 1999년 여름방학과 겨울방학에 다시 링컨으로 갔습니다. 한국유학생이 사는 아파트 방 한 칸을 빌렸습니다. 그리고 브라이언 교수를 만나 논문지도를 받았습니다. 방학이 끝나고 한국에 돌아와서는 이메일로 연구결과를 보내고 지도받았습니다. 2000년 여름방학 링컨에서 박사학위 논문 최종 발표가 있었습니다. 담담한 심정으로 논문발표를 했습니다. 발표가 끝난 후 브라이언 교수는 저에게 잠시 나가있으라고 했습니다. 얼마나 시간이 흘렀을까? 브라이언 교수가 나와서 저에게 말했습니다. "Dr. Son, Congratulations!" 이제야 끝이 난 것입니다. 브라이언 교수는 그동안 수고했다며 그날 저에게 저녁을 사주었습니다. 지도교수가 사랑하는 제자의 졸업을 축하하는 것이 여기 관례라고 하면서... 제가 졸업식에는 참석하지 못할 것이라고 했습니다. 그러자 다음 날 자기 집으로 초대했습니다. 브라이언 교수는 스탠포드에서 박사학위를 받았습니다. 브라이언 교수는 스탠포드대학교 휘장이 새겨진 교수가운을 입고 양복을 입은 저와 함께 사진을 찍었습니다. 그것이 저의 졸업식이었습니다.

1. 성공적인 학습을 위한 5가지 습관

(1) 학습과정의 주체가 되어라

자기주도적이지 않은 학습은 가치와 효과를 확보할 수 없습니다. 시간표에 따라 마지못해 하는 학습이 되어서는 안됩니다. 자신의 변화와 성취를 위한 학습을 해야 합니다. 학습한 내용이 자신의 삶에 녹아들게 해야 합니다. 공부한 대로 인생을 변화시켜야 합니다. 공부자체가 삶의 수단이 아니라 목적이 되어야 합니다. 학습내용에 대해 주인이 되어야 합니다.

(2) 일단 공부부터 먼저 하라

실제로 공부하는 것보다 공부할 준비에 많은 시간을 할애해서는 안 됩니다. 학습이 아닌 것으로 시간 보내는 것을 최소화하고 공부하는 자체에 자신을 밀어 넣어야 합니다. 학습생활은 지적 수준과 정신력만으로 감당하는 것이 아닙니다. 온몸으로 겪는 것입니다. 사람의 육체와 정신은 긴밀하게 상호작용하므로 지적, 정서적, 육체적 능력을 함께 집중해서 공부해야 합니다. 팽팽한 지적 긴장감과 생활의 압박감이 삶을 실감나게 할 수 있습니다. 해이와 권태는 압박감보다 훨씬 더 삶을 힘들게 하는 요소입니다. 시간과 생활을 잘 관리하여 어느 정도 삶의 압박감을 느낄 수 있어야 합니다.

(3) 주위와 교류하라

여러분의 부모님은 공부가 인생에 미치는 영향에 대해 체험적으로 알고 있습니다. 교사는 학습내용 구조와 학습목표에 도달하는 최선의 방법을 간파하고 있습니다. 명랑하고 활기찬 친구들과 사귀세요. 그리고 성취감을 함께 나누세요. 성취감은 주위 친구들과 함께 나눌 때 더욱 커집니다.

(4) 어려움을 함께 나눌 친구를 만들어라

좋은 부모님이나 훌륭한 선생님이 계시나요? 그래도 친구는 필요합니다. 학교생활 중 자신의 고민과 아픔을 절실하게 공감해 줄 수 있는 사람은 누구일까요? 바로 함께 공부하는 친구입니다. 그래서 학창시절은 평생 친구를 만날 수 있는 기회입니다. 나에게 남는 시간을 때우는 친구를 말하는 것이 아닙니다. 나의 소중한 시간을 나누어도 아깝지 않은 친구관계를 만들어야 합니다. 성취감도 패배감도 함께 나누어야 합니다. 그래야 친구와의 관계가 깊어집니다. 서로 격려하면서 자신감과 성취감을 함께 나누어야 합니다. 그러나 우울함이나 패배감을 증폭시키는 관계가 되지 않도록 주의해야 합니다.

사람은 서로 의지하고 위로받으며 살아갑니다. 힘들 때 친구에게 의지하고 위로받으려 합니다. 그러나 친구에게 도움만 받으려는 의존적인 모습을 보이면 어떻게 될까요? 사이가 멀어지기 쉽겠죠. 위로받기보다는 위로하고 이해받기보다는 이해하며, 사랑받기보다는 사랑하려는 마음으로 친구를 만나세요. 그러면 내가 베푸는 만큼 친구도 나에게 베풀 수 있게 됩니다.

오로지 친구 한 명하고만 사귀는 것은 어떨까요? 어쩌면 학교생활이 상당히 불편해질 수 있습니다. 서로가 언제나 가장 좋은 친구이기를 기대하기 때문에 부담이 커질 수 있습니다. 항상 함께 앉아야 하고 대화나 식사를 둘이서만 해야 한다면 어떨까요? 심한 경우 매점이나 화장실에도 같이 다녀야 할 정도가 되면 어떨까요? 그런 상황이 되면 같이 있어 든든하기는 하겠죠. 그러나 때로는 견디기 어려운 불편함이 생기기 쉽습니다.

(5) 이성교제는 개방된 공간에서 하라

이성교제는 조금씩 친밀도가 깊어질수록 문제를 일으킬 여지가 있습니다. 이성친구 외에 다른 모든 친구와의 관계를 단절시킬 수도 있습니다. 그래서 독점적이거나 폐쇄적으로 발전하는 경우가 많습니다. 이성교제를 할 때 다음의 두 가지를 염두에 두세요.

① 가급적 둘만 만나는 경우는 피하세요.

② 개방된 공간에서 만나세요.

얼핏 진부하고 고루한 대책인 듯 보입니다. 그러나 이성친구를 사귀는 많은 학생들이 결국 이 두 가지를 지키지 않은 점을 후회하게 됩니다.

3 시간관리는 왜 중요할까?

1. 시간관리의 중요성

모든 것을 할 수 있는 충분한 시간이 주어지지는 않습니다. 우리 모두는 항상 선택을 해야 합니다. 수학숙제를 할까? PC방에 갈까? 여러분은 무엇을 선택할까요? 어느 것이 더 중요할까요?

이제 여러분이 시간을 어떻게 관리해야 하는가에 대해 얘기해 볼까요? 여기 여러분이 시간을 좀 더 잘 관리하도록 도와줄 방법이 있습니다. <시간 매트릭스>라는 것입니다. 시간 매트릭스에는 두 가지 주된 단어가 있습니다. '중요함' 과 '긴급함'이 그것입니다.

(1) **긴급한 일:** 미룰 수 없고 즉각적으로 해야 하는 일

(2) **중요한 일:** 목표, 소중한 것들, 삶의 의미와 관련된 가치 있는 일

① 우선순위를 정하세요.

학교수업을 마친 후 가장 먼저 해야 할 과제가 무엇인지 확인하세요. 해야 할 일을 중요도에 따라 순위를 정하고 순서에 따라 처리하세요.

② 중요한 것부터 먼저 하세요.

중요한 일이 급해질 때까지 기다리면 어떻게 될까요? 스트레스만 쌓일 뿐입니다. 실행에 있어서 중요한 것은 뒤로 미루지 않는 것입니다. 일단 시작하세요. 일단 시작하면 실행하는 것이 한결 쉽습니다. 긴급한 일에 지배받지 마세요. 긴급한 일이 발생했다고 중요한 일을 빠뜨려서는 안 됩니다.

③ 하루를 마감하기 전에는 빠진 일이 없는지 검토하세요.

2. 시간 매트릭스(matrix)

아래의 일들을 빈 칸에 맞게 분류해 보세요.

• 엄마 생일 • 10일 후 중간고사 • 치과 치료 • 친구 이성문제 상담
• 컴퓨터 게임 • 축구 연습 • 수행평가 • 숙제
• TV 시청 • 친구와 PC방 가기 • 축제 예행연습 • 내일 수행평가

	급함	급하지 않음
중요함	1. 중요하고 급함 • • •	2. 중요하지만 급하지 않음 • • •
중요하지 않음	3. 중요하지 않지만 급함 • • •	4. 중요하지도 않고 급하지도 않음 • • •

3. 단계로 나누어 실행하기

수행평가, 중간고사, 기말고사, 글쓰기 등에 대해서는 미리 겁먹을 수 있습니다. 원하는 대로 마무리하기 위해서는 무척 어렵고 많은 노력이 필요합니다. 그럴 때는 이런 과제들을 여러 단계로 나누어 보세요. 그리고 한 번에 한 단계씩만 실행해보세요. 이렇게 조금씩 진행하다 보면 어느덧 과제를 마칠 수 있게 되고 성취감이 생길 것입니다.

① 자신의 할 일을 정확하게 판단한다.
② 큰 과제는 단계별로 나누고 각 단계별 실행시기를 잡는다.
③ 자료를 수집한다(필요한 정보를 어디서 얻을 수 있는지 알아본다).
④ 분석하고 연구한다.
⑤ 글을 쓸 때 참고문헌도 함께 밝힌다.
⑥ 제대로 진행하고 있는지 담당 교사와 모둠 구성원의 의견을 요청한다.

4. 시냅스 러닝 계획 수립

(1) 학습계획(planner) 수립

아침 자습시간을 아래의 예와 같이 계획합니다.

- 월요일: 아침운동 + 주간 자기주도적 학습목표 및 계획수립
- 화요일: 아침운동 + 독서
- 수요일: 아침운동 + 독서
- 목요일: 아침운동 + 독서
- 금요일: 아침운동 + 주간 평가 및 반성
- 토요일: 아침운동 + 미흡한 부분 보강

(2) 학습계획 작성법

교과성취 목록

① 교과목: 과학				① 과목
② 학년: 2	③ 목표: 우(또는 점수)			② 학년 ③ 그 과목의 성취 목표
④ 교사: 홍 길 동				④ 담당 선생님은?
⑤ 월일	⑥ 시험 및 과제	⑦ 목표	⑧ 결과	⑤ 날짜 기입
3.3	발표	우	우	⑥ 과제는 무엇인가?
3.7	실험	수	우	⑦ 성적목표 또는 평균성적은?
				⑧ 성취 결과는?

(3) 시간 관리

시간은 자신의 중요한 재산입니다. <학습계획 세우기>를 이용하면 시간을 효과적으로 사용할 수 있습니다. 먼저 일을 계획합니다.

① 해야 할 일 기록하기

무엇인가 해야 할 일이 있거나 과제가 있을 때 → 기록합니다

② 우선순위 정하기

- 긴급함: 즉시 실행 또는 주의가 필요함, 긴급한 일에 의해 지배받으면 안 됩니다.
- 중요함: 필수적, 가치 또는 의미 있는 중요한 일은 미리 시작하세요. 해야 할 일을 중요한 순서대로 번호를 매기세요.

③ 시간 계획 세우기

- 해야 할 일들을 적으세요.

• 소중한 것부터 일정과 시간 계획을 세우세요.

④ 실행하고 점검하기

계획을 실제로 행하고 마무리가 되었는지 확인하세요.

⑤ 확인하기

- 해야 할 일에 최선을 다했는지, 그것이 나에게 가치 있는 일이었는지 확인하세요.
- 마무리 된 일은 체크 표시(∨)를 하세요.
- 끝나지 않은 일은 화살표 표시(→)를 하세요.
- 다른 날로 일을 연기하려면 날짜를 표시하세요.

4 크로노덱스(chronodex)

우리는 대개 자신의 생활을 잘 관리하고 주변의 모든 것들이 잘 정리정돈되기를 원합니다. 정리란 자신이 원하는 행복을 얻기 위한 작은 습관과 기술입니다. 즉 정리는 어떤 것을 체계화한다는 의미이며, 주어진 자원을 효과적으로 통제하는 기술입니다. 자신의 생활과 주위환경이 잘 정돈되면 일상적인 하루의 흐름과 패턴을 미리 예측할 수 있습니다. 따라서 앞으로 발생하는 일들에 대해 여유를 가지고 주도적으로 삶을 이끌어 나갈 수 있습니다.

특히 학생들에게 시간이라는 자원의 관리는 매우 중요합니다. 시간이라는 자원은 누구에게나 평등하게 주어지기 때문입니다. 따라서 시간이라는 귀중한 자원을 방치함으로써 혼란 속에서 끌려 다니느냐 아니면 시간이라는 자원을 잘 활용함으로써 삶을 자신의 의도대로 주도적으로 이끌어 가느냐에 따라서 시간의 가치는 매우 달라집니다.

정리를 잘하지 못하거나 방치함으로써 다음의 경우처럼 스트레스를 받거나 낭패를 당한 경험은 누구에게나 있습니다.

① 시험 전날 공부를 하려는데 필요한 교과시험 관련 프린트를 찾을 수 없을 때
② 중요한 약속이 있었는데 메모해 놓지 않아서 약속을 어겼을 때
③ 이삿짐을 싸야 하는데 내 방에 물건이 다 들어가지 않을 것 같을 때
④ 등교해야 하는데 가방, 교과서, 양말, 손수건 등 준비물을 찾을 수 없을 때

우리가 살아가는 과정에서는 정리해야 할 크고 작은 많은 일들이 생기기 마련입니다. 예를 들어보겠습니다. 중학교, 고등학교, 대학교에 입학하게 되면 새로운 교복과 교과서, 참고서를 준비해야 합니다. 이사를 하려면 집안의 물건을 정리해서 포장해야 할 것입니다. 결혼을 하려면 그동안의 생활습관과 물건들을 정리하고 결혼식에 초대할 사람들의 명단을 작성해야 합니다. 직장을 옮기는 경우 그동안 진행해온 업무와 자료들을 새로운 직원에게 인수인계하고 새로운 직장에서 업무를 전달받아야 합니다. 이런 일에 익숙하지 않은 경우 부모님이나 이사전문가, 웨딩플래너, 헤드헌터 등의 전문가의 도움을 받게 됩니다.

다음에서 시간을 자기주도적으로 활용할 수 있는 매우 효율적인 도구를 소개하려고 합니다. 그것은 바로 '크로노덱스(chronodex)'라는 시간관리도구입니다. 이 도구를 활용하여 시간이라는 귀중한 자원

을 주도적으로 관리하게 되면 마음의 여유와 함께 실행력, 추진력, 창조적인 에너지를 얻게 될 것입니다. 또한 삶을 의욕적으로 만듦으로써 무언가를 새롭게 시작할 수 있는 동기부여를 갖게 될 것입니다.

1. 크로노덱스란?

그림 27은 시간을 관리하기 위한 그림형태의 플래너(planner)입니다. 크로노덱스는 2013년 트래블러스 노트사용자인 패트릭 엔지(Patrick NG)에 의해 발명된 것으로, 현재 크로노덱스에는 다양한 변형들이 있습니다. 24시간이 기본형태지만 필요와 용도에 따라 12시간, 16시간으로 선택해서 사용할 수도 있습니다.

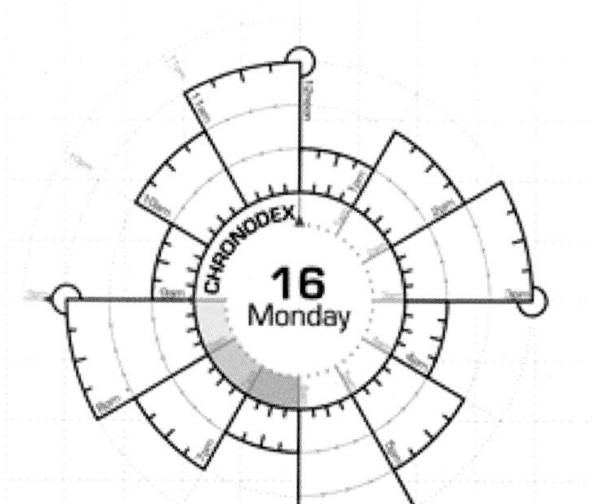

그림 27 크로노덱스[67]

67 출처:https://maxhemingway.com/2015/12/15/pen-based-productivity-tools-the-chronodex-2016/

1) 오리지널 크로노덱스

오리지널 크로노덱스는 시계와 비슷합니다. 시계처럼 시간의 흐름으로 구성된 24시간이 적용된 동그라미라고 생각하세요. 예를 들면, 아래의 암모나이트 조개를 생각하면 될 것 같습니다(그림 28). 암모나이트 조개의 무늬처럼 시계방향으로 안쪽에서 바깥쪽으로 시간이 표시되어 있습니다.

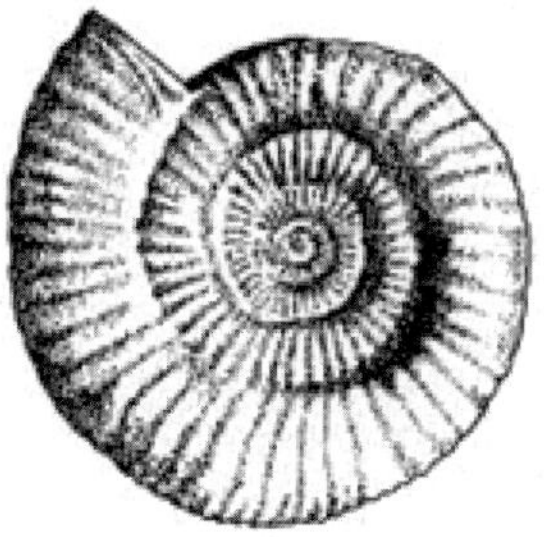

그림 28 암모나이트 조개

2) 크로노덱스의 사용목적

크로노덱스를 사용하는 것은 시간대별로 규칙적인 생활을 하기 위함입니다. 그래서 자신의 생활습관(life-cycle)을 확인하고 개발하는 것이죠. 크로노덱스를 통해 시간별로 자신이 매일 고정적으로 하는 활동을 파악합니다(그림 29). 그리고 칸들을 정해진 색으로 칠하면 자신의 생활패턴이 잘 나타납니다. 생활패턴을 파악하면 시간을 더욱 효율적으로 관리할 수 있게 됩니다.

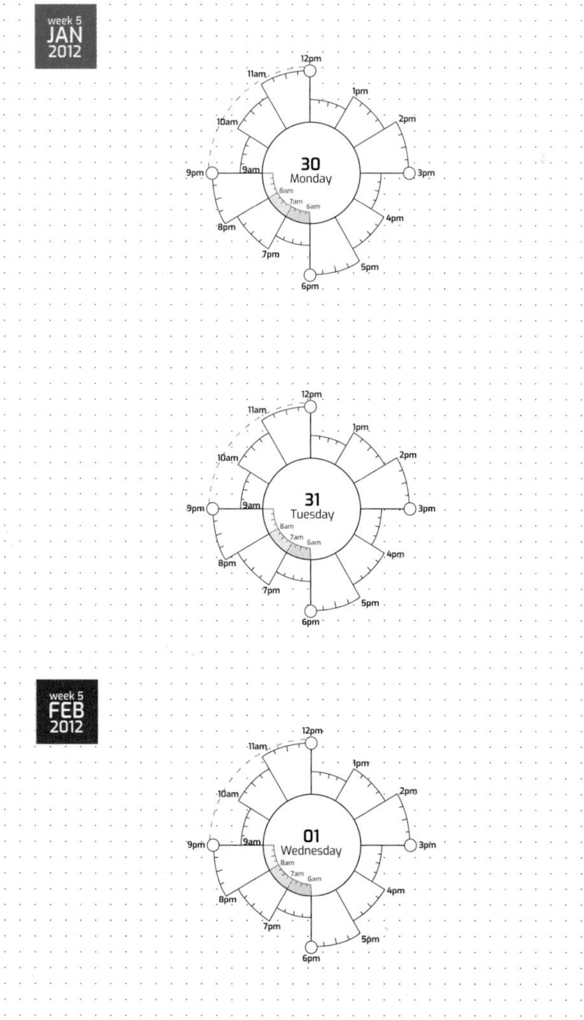

그림 29 크로노덱스에 나타나는 생활패턴[68]

---

68 출처: http://www.fountainpennetwork.com/forum/topic/209036-scription-chronodex-weekly-planner-2012/

3) 크로노덱스의 사용방법

크로노덱스는 하루의 활동을 필요와 용도에 따라(12, 16, 24시간) 선택해서 사용할 수 있습니다. 1시간마다 구획(section)이 4개로 나누어져 있고, 각 구획은 15분을 의미합니다. 특정한 색으로 각각의 활동을 분류하세요. 즉 수업, 취미활동, 친구모임, 가족활동, 여행 등으로 채워진 구획을 각각의 특정한 색으로 지정하여 표시하면 됩니다(그림 30).

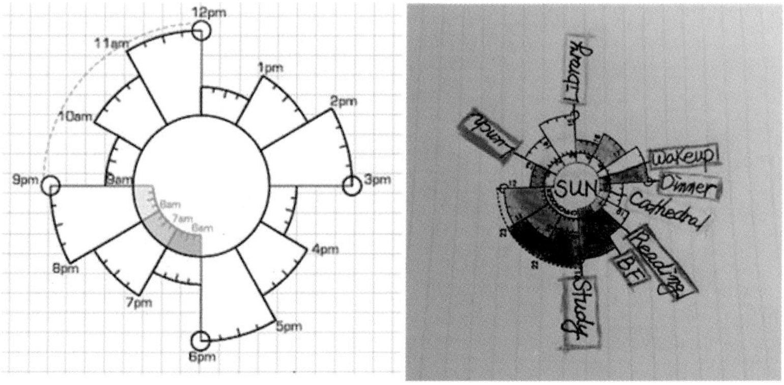

그림 30 크로노덱스 사용방법[69]

2. 크로노덱스의 특별한 기능

사람들은 크로노덱스의 시간을 나타내는 표시(길이)가 3종류로 다르게 구분되어 있는지 궁금해합니다. 그것은 매우 기발한 생각에서 비롯되었습니다. 우리가 일상생활에서 행하는 일들은 단선적이기도 하지만 복합적인 경우도 많습니다. 크로노덱스는 그것을 구분해서

---

69 출처: http://katesmith-artist.blogspot.com/2012/01/chronodex.html

기록할 수 있습니다. 점심시간에 우편물이나 메일을 확인하는 것과 같죠. 이와 함께 책임감(accountability)을 높이는 용도로도 사용될 수 있습니다. 만약 여러 가지 일을 한꺼번에 처리하기를 원한다면 아래 일부분을 비워놓은 채로 두면 됩니다. 크로노덱스는 가시적인 형태로 자신의 활동을 관리할 수 있는 매우 단순한 도구입니다. 이러한 크로노덱스는 인터넷에서 PDF파일로 다운로드받아서 사용할 수도 있고, 스탬프를 구입하여 매일 찍어서 사용할 수도 있습니다(그림 31).

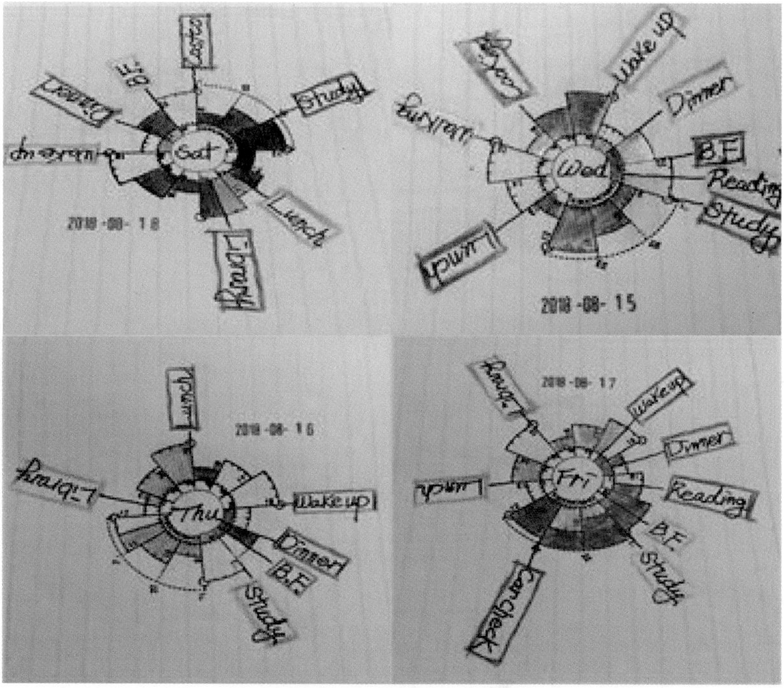

그림 31 **크로노덱스** (예시)

나오면서

제가 『변하지 않는 학교는 공룡이다』[70]라는 책을 저술한지도 벌써 6년이 지났습니다. 그 후 저에게 많은 일들이 발생했습니다. 그 중 가장 큰 변화는 교육자에서 사회적 교육가[71]로 변신을 꾀한 것이라고 할 수 있습니다. 즉, 지금까지는 공교육 또는 사교육이라는 제도적 교육의 틀 속에서 생활해 왔습니다. 그러나 지금은 학교라는 제도적 울타리를 벗어나 공교육과 사교육을 모두 아우르는 '사회적 교육가'라는 시각에서 교육을 바라보고 있습니다. 그런 가운데 뇌과학을 접하게 되었으며, '시냅스 러닝'은 뇌과학의 원리를 학습방법에 적용한 것입니다.

이 책은 제가 교육자로서 학교라는 교육현장에서 학생들을 통해 배운 내용들과 한국사를 전공하다가 미국으로 건너가 교육행정 박사학위에 도전해서 취득하기까지의 자기주도학습 과정을 자세하게 설명하고 있습니다. 이 책에서 여러분들에게 소개하는 학습방법들이 없었다면 아마 공부에 지치거나 뒤처져서 중도에 학업을 포기하였을지도 모릅니다. 미국에서 공부를 마치고 돌아오면서 제가 배우고 적용하였던 학습방법들을 우리나라 학생들에게 소개해야겠다고 생각했습니다. 그러나 영어로 된 자료들을 틈틈이 번역하고 정리했

---

70 『변하지 않는 학교는 공룡이다』(2014)는 교육의 3요소 중의 하나인 교육과정에 대한 책이다.

71 사회적 교육가란 사회적 경제에서 파생된 단어로 '공공재와 소비재의 가치를 가지는 교육을 개인의 재능과 추구하는 가치의 실현에 맞춰 교육활동을 수행하는 사람이다.

지만 좀처럼 시간이 나질 않았습니다. 지금에서야 겨우 그때의 자료들을 정리하고 종합하여 여러분들에게 뇌과학의 학습원리와 학습방법들을 소개합니다.

공부는 점(dot)이고, 씨앗(seed)이며, 희망(hope)입니다. 점이 모여 선(line)이 됩니다. 선이 모여 면(face)을 이루면 공간(space)이 형성됩니다. 따라서 하나의 점이 없다면, 공간도 생기지 않습니다. 우리가 살아가는 하루하루를 한 점이라고 생각해보죠. 그렇다면 우리는 매일 하나의 점을 찍습니다. 우리의 삶은 하루에 하나의 점을 찍어 그리는 그림입니다. 그러나 세상 어디에도 같은 그림은 없습니다. 쌍둥이로 태어났다 할지라도… 그래서 화룡점정(畵龍點睛)[72]이란 고사성어도 있습니다. 여러분은 어떤 그림을 그리고 싶나요? 그림을 그리는 과정을 생각해 볼까요? 우리는 그림을 그리기 전 어떤 그림을 그릴까하고 생각합니다. 그것을 이미지 메이킹(image-making)이라고 합니다. 그리고 머리에 그린 그림을 스케치로 나타냅니다. 그 후 원하는 색을 덧칠합니다. 그림을 그리듯이 머릿속으로 여러분이 원하는 삶을 그려보세요. 그런 다음 여러분이 원하는 삶을 어떻게 실현할 것인지 생각하세요. 즉 전략을 세우세요. 그리고 실천하세요.

공부는 씨앗입니다. 하나의 작은 씨앗은 의미가 없습니다. 그대로 두면 썩거나 먹어도 배부르지 않습니다. 그러나 그것을 심고 가꾸면 어떻게 될까요? 싹이 돋아나서 열매를 맺게 됩니다. 어떤 씨앗을 심으면 좋을까요? 벼와 같이 먹을거리를 해결해주는 씨앗도 있

---

72 화룡점정(畵龍點睛)이란 무슨 일을 하는 데에 가장 중요한 부분을 완성함을 비유적으로 이르는 말. 용을 그리고 난 후에 마지막으로 눈동자를 그려 넣었더니 그 용이 실제 용이 되어 홀연히 구름을 타고 하늘로 날아 올라갔다는 고사에서 유래한다.

습니다. 포도나 올리브와 같이 미각에 즐거움을 부여하는 씨앗도 있습니다. 삼나무와 같이 수천 년을 살면서 지친 나그네에게 그늘과 휴식을 주는 나무도 있습니다. 그러나 어떤 식물이나 나무라 할지라도 씨앗을 심어야만 싹이 납니다.

공부는 희망입니다. 자본주의 사회에서는 국가가 부유해질수록 빈부격차가 커집니다. 빈부격차가 커지게 될수록 계층이동의 기회가 줄어듭니다. 그래서 요즘은 '개천에서 용(龍)난다'는 말은 잘 사용하지 않습니다. 그러나 여러분께서도 잘 아는 '애플(社)'의 스티브 잡스(Steve Jobs)는 입양아였습니다. 그래서 대학교 학비에 대한 부담으로 인해 다니던 대학교를 중퇴했습니다. 빌 게이츠(Bill Gates)는 아버지가 의사였지만 하버드대를 중퇴했습니다. 어려운 가정형편에서 열심히 공부해서 원하는 대학에 가느냐가 중요한 것이 아닙니다. 자신이 좋아하는 일을 끝까지 추구하느냐가 중요합니다. 공부는 자신의 꿈을 이룰 수 있는 성취도구일 뿐만 아니라 계층이동을 가능하게 하는 합법적 수단입니다. 심지어 미국의 철학자이자 교육학자인 존 듀이(John Dewey)는 '교육은 사회를 변화시키는 근본적인 방법'이라고까지 했습니다. 여러분에게 꿈이 있나요? 달성하고자 하는 목표가 있나요? 그렇다면 '시냅스 러닝'으로 열정과 끈기를 가지고 자신이 꿈꾸며 이루고자 하는 목표들을 향해 스마트하게 나아가기 바랍니다. 나의 연구결과는 여러분의 시작점입니다.

부록 시냅스 러닝 Q & A

Q1. 시냅스 러닝이란 무엇인가요?

A: 시냅스 러닝은 뇌과학의 원리를 이용한 학습방법입니다. 뇌과학은 20세기에 들어오면서 그 기능과 구조가 자세하게 밝혀지고 있으며 그 핵심은 신경세포인 뉴런에 있습니다. 뉴런의 시냅스는 기억과 학습의 발생에 중요한 역할을 합니다. 뇌와 시냅스를 이해하는 것은 우리의 학습뿐만 아니라 역량을 키우고 삶을 성공적으로 이끄는 기초가 됩니다.

Q2. 자기주도학습이란 무엇인가요?

A: 미국의 사회교육학자인 말콤 노울즈(Malcolm Knowles)는 자기주도학습을 '개인이 타인의 도움 없이 학습욕구를 진단하고 목표를 설정하며 배움에 필요한 인적 · 물적 자원을 찾고 학습결과를 평가하는 과정'이라고 정의하였습니다. 여기서 자기주도적 학습자란 '한 개인이 자신만의 방식과 속도로 배우고 스스로를 평가하는 학습자'라는 것을 의미합니다.

Q3. 역량을 평가한다는 것은 어떤 의미인가요?

A: 역량(competency)은 '직무나 역할수행과 관련된 개인의 능력과

특성'[73]이라고 할 수 있습니다. 역량이라는 개념이 나타나게 된 배경을 먼저 살펴보겠습니다. 산업중심의 사회에서 지식과 정보를 중요시하는 사회로 패러다임이 변화함에 따라 인적자원(HR: Human Resource)의 중요성이 부각되었고, 인적자원 관리와 능력개발에 관심이 높아지게 되었습니다. 따라서 인적자원(HR)에 대한 관리와 능력개발이 역량이라고 할 수 있습니다.

이러한 역량의 개념을 수능(대학수학능력시험)에 적용해본다면 수능은 '지식의 소유 여부'보다는 '지식을 활용하는 역량의 수준'을 측정합니다. 즉 수능은 선다형으로 검증할 수 있는 독해력, 추론능력, 논증능력과 같은 역량을 테스트하고 있습니다. 예를 들면, 수능의 언어영역은 언어적 역량을 측정하고자 하는 것입니다. 따라서 언어적 역량의 기본기가 부족한 상태에서 문제집을 푸는 것은 비효율적인 방법입니다. 영어의 경우도 마찬가지로 영어에 대한 언어적 역량이 필요합니다. 이러한 언어적 역량을 키우기 위해서는 다양한 글을 읽고 이해하고 분석하고 토론하고 글을 쓰도록 해야 합니다.

다음으로 수리영역에서 수학의 경우에는 수학적 추론능력을 높여야 합니다. 수학적 추론능력을 높이려면 어릴 적부터 논리적 설명을 연습해보는 경험이 중요합니다. 즉 수학적 이론이나, 개념, 또는 문제 풀이과정을 자신의 논리로 '설명'하는 훈련을 하는 것이 매우 중요합니다. 수능 언어영역이나 서울 주요대학의 논술문제를 분석해보면 공통점으로 지적할 수 있는 것이 지식의 소유 여부를 검증하려는 것이 아니고 지식

73 Spencer & Spencer(1993) *Competency at Work*, John Wiley & Sons, New York, N.Y.

을 활용하는 역량을 측정하는 문제라는 것입니다. 언어적 역량을 측정하고자 한다는 점에서 수능 언어능력과 논술고사는 서로 통하는 측면이 있습니다. 고등학교에서는 수시위주의 수업운영이 불가능하므로 자연히 정시(수능)위주로 수업을 하게 됩니다. 전국 대학정원의 12%를 담당하는 입학사정관제는 바람직한 제도는 아니지만 자발성과 동기부여의 중요성을 부각시킵니다.

Q4. 시냅스 러닝으로 예상되는 결과 및 세부적 효과는 무엇인가요?

A: 시냅스 러닝을 통해서 학생들은 자신의 재능과 능력, 장점과 단점을 스스로 인지하여 배움을 즐거움과 도전을 주는 것으로 받아들이게 될 것입니다. 또한 외적 동기나 외적 평가가 아닌 자신이 목표를 설정하고, 원하는 이상적인 상태와 비교하여 스스로 행한 결과를 평가할 수 있는 능력을 갖추게 될 것입니다. 학생들은 시냅스 러닝으로 새로운 지식을 이해하고 분석하고 적용하는 과정에서 그것을 자신의 지식과 경험으로 만들고 그렇게 노력하는 과정에서 자신만의 해결책을 찾게 될 것입니다. 그렇게 해서 찾아낸 방법은 자신의 능력이나 사전지식과 결합하여 자신만이 가지는 노하우가 될 것입니다. 그러한 방법과 노하우들이 자신의 역량 강화로 이어져 문제해결력을 높일 수 있습니다.

Q5. 왜 시냅스 러닝이 학원 의존학습보다 효율이 높나요?

A: 시냅스 러닝을 위한 가장 핵심적인 능력은 '자기진단능력'과 '지식을 구조화할 수 있는 능력'입니다. 학원을 비롯한 사교육에

의존한 학습은 시냅스 러닝에 비해 자신에 대한 진단의 정확도가 낮으므로 효율이 떨어질 수밖에 없습니다. 이와 함께 사교육에 의존한 학습은 스스로 지식을 구조화하는 능력을 키우고 학습계획을 세우는 것을 금지함으로써 자율적인 학습능력의 향상을 방해합니다. 중학교부터는 시냅스 러닝에 필요한 지식과 기술 습득이 가능해지기 시작하는 시기이므로 사교육의 부정적 영향이 크다고 할 수 있습니다.

Q6. 시냅스 러닝이 왜 평생의 자산이라는 것인가요?

A: 시냅스 러닝은 뇌과학 기반의 학습입니다. 공부하는 과정에서 효율을 높이고 사교육비를 절약할 수 있는 가장 좋은 방법입니다. 청소년기에 시냅스 러닝을 기반으로 자기주도학습을 하지 않은 학생이 대학생이 되고 직장인이 되었다고 해서 갑자기 자기주도적인 삶을 살기란 어려운 일입니다. 평생직장이나 평생직업이란 개념이 사라지고 있는 현대사회에서 자기진단에 기반한 자신의 학습을 조직해냄으로써 학습의 효율을 높이는 시냅스 러닝의 학습 능력은 평생의 자산이 될 수 있습니다.

Q7. 우리나라 학생들의 학업실태가 왜 문제인가요?

A: 우리나라 학생들의 학습효율화지수는 OECD 31개국 중 24위에 불과합니다. 그 이유는 첫 번째, 역량을 키우는 교육이 미비한다는 점입니다. 그중에서도 언어적 역량교육의 효율이 낮습니다. 두 번째, 과잉 사교육문제입니다. 한 가구당 사교육비의 부담액이 세계 최고 수준이며, 그럼에도 불구하고 자

기 스스로 공부하는 능력과 자기진단능력을 갖추지 못한 학생들이 많습니다. 세 번째, 학생들의 학업 흥미도가 세계에서 최하위권이라는 사실입니다. 우리나라 학생들은 세계에서 가장 장시간을 공부하지만 가장 비효율적인 공부를 하고 있습니다. 우리나라 대다수 학생들의 학업태도는 수동적이고 타율적입니다. 자신이 무엇을 잘할 수 있는지, 무엇을 좋아하는지에 대한 인식이 불확실하기 때문입니다. 이러한 태도로는 자기 삶의 목적과 방향을 구체화할 수 없으며, 따라서 자신의 역량을 강화할 수 없습니다. 자신의 삶은 자율적으로 계획해야 합니다. 시냅스 러닝은 일기를 쓰는 것처럼 주체적으로 자신의 삶을 만들어 나가는 일입니다. 새로운 사실과 내용을 자신만의 표현으로 설명해보려고 노력하고, 그러한 사실들을 연결하고 선명하게 만들고, 이미 알고 있는 사실들과 연결함으로써 즐거움을 발견하게 됩니다.

Q8. 초등학생은 시냅스 러닝이 어려운가요?

A: 시냅스 러닝을 하기 위해서는 뇌과학의 원리를 알고 이를 적용하면서 실천해 나가야 합니다. 시냅스 러닝의 핵심원리인 자기주도학습이 어려운 것은 진단을 스스로 해야 하기 때문입니다. 자기진단이 어려운 초등학생에게 가장 통상적으로 쓰이는 방법은 기계적 진단, 즉 문제를 풀어봐서 틀린 부분을 다시 공부하도록 하는 것입니다. 그러나 초등학생에게 다중지능이론(multiple intelligences)을 기반으로 한 개별 학생들의 재능과 관심을 조기에 파악하여 자신이 좋아하는 영역, 분야에

흥미와 즐거움을 느끼고 몰입하게 함으로써 동기를 유발한다면 시냅스 러너로써 자기주도적 역량을 키워나갈 수 있을 것입니다.

Q9. 학생들이 공부를 받아들이는 태도가 왜 문제인가요?

A: 학생들은 공부를 수동적, 타율적으로 받아들이거나 또는 능동적, 자율적으로 받아들입니다. 그러나 대다수 학생은 공부를 수동적, 타율적으로 받아들입니다. 배움에 대한 즐거움과 기쁨이 없기 때문입니다. 다음으로 공부의 목적과 방향이 모호하기 때문입니다. 만약 공부의 목적이 확고하다면 배움에 대한 즐거움과 기쁨이 감소하더라도 자신의 목표나 역량 강화를 위해 자신의 의지로 이겨나갈 수 있습니다. 그러나 대다수 학생들의 삶에 대한 목적과 방향은 불확실하거나 없는 경우가 많습니다.

Q10. 학생들의 학습유형이 있나요?

A: 학생들은 각각 발달정도가 다르며 배우는 속도도 다릅니다. 그리고 각자 다양한 재능과 능력을 잠재적으로 보유하고 있습니다. 따라서 학습은 개별화되고 개인화되어야 합니다. 학생들은 각자 교육내용에 접근하는 자기만의 방식과 속도로 자료를 해석하고 습득할 수 있어야 합니다. 학생들은 자신에게 편안하면서도 주변에 이해받을 수 있는 방식으로 자신이 배운 것을 스스로 평가하고 나타낼 수 있는 기회를 가져야 합니다.

Q11. 학생들에게 어떤 방향의 지도가 필요한가요?

A: 앞으로는 직장에서 새롭고 빠르게 업무와 역할을 바꾸는 일이 폭발적으로 늘어나면서 교육이 매우 복잡해질 것입니다. 교사와 학부모도 아이들이 정기적으로 직업을 바꾸어야만 하는 세상을 어떻게 준비해야 하는지 알려줄 만한 경험을 한 적이 없습니다. 이전에 그러한 예가 없었기 때문에 학생들은 진로 및 생활환경의 변화에 스스로 준비해야 합니다. 전문가의 능력은 극히 소수를 제외하고는 유전적인 원인이나 높은 IQ에서 나오는 것이 아닙니다. 그것은 하나의 영역, 분야, 기술에 대해 꾸준한 의도적 연습이라고 부르는 지속적인 수천 시간의 훈련에서 나옵니다. 시냅스 러닝을 통해 학생은 스스로 자신의 재능과 진로와 직업에 대한 흐름, 이에 대한 통찰력과 전문지식을 습득할 수 있을 것입니다.

Q12. 공부에 자기관리가 왜 필요한가요?

A: 학생들이 공부함에 있어서 자신이 가진 능력과 지식에 대한 이해를 자율적으로 인식하고 관리하는 것은 매우 중요합니다. 자신의 생활을 자기주도적으로 관리, 평가하지 않는다면 부모, 교사, 사회 등의 외적 압력과 평가에 의해 좌우될 것이고 자신의 능력을 이해, 점검하면서 원하는 역량을 키울 수 없게 됩니다. 그러한 타율적인 삶은 성인이 된 이후에도 계속 이어질 가능성이 높습니다. 따라서 학습에 대한 자기주도적 관리와 평가는 매우 중요합니다.

Q13. 시간관리는 어떻게 하는 것이 좋은가요?

A: 공부의 3박자는 동기, 기술, 노력입니다. 시냅스 러닝을 통해 학업성취도를 관리하려면 학습방법 및 공부기술과 시간 기술이 필요합니다. 시간 기술의 핵심은 시간을 관리하는 것입니다. 매일 일간계획을 세우고 계획을 관리하는 것이 일정 궤도에 오르면 주간, 월간계획 등의 장기계획을 시도할 수 있습니다.

Q14. 크로노덱스의 효용과 효과는 무엇인가요?

A: 크로노덱스는 학생이 가진 가장 중요한 자원이라고 할 수 있는 시간을 효율적으로 관리하는 도구입니다. 크로노덱스의 이용과 활용을 통하여 과거와 현재 자신에게 주어진 시간을 어떻게 효율적으로 관리하고 있는지 점검할 수 있습니다. 또한 앞으로 시간을 더욱 효율적으로 사용하기 위해서 어떤 노력과 구체적인 방법이 필요한지를 스스로 파악하고 대처할 수 있게 합니다.

Q15. 크로노덱스로 무엇을 계획하게 할 것인가요?

A: 현재 자신에게 주어진 소중한 자원인 시간을 어떻게 사용하고 있는지 알아야 합니다. 그리고 이러한 이해를 통하여 자신의 공부습관과 학습 태도, 시간관리를 분석할 수 있어야 합니다. 크로노덱스는 과거와 현재의 자신의 시간 관리방법을 보여줍니다. 그리고 앞으로 자신만의 공부습관과 학습태도를 만들어 가는데 매우 유용한 시간관리 도구입니다.

○ 참고문헌

강봉균 외(2016). 『렉처 사이언스 뇌』, 휴머니스트.

김주환(2013). 『그릿』, 쌤앤파커스.

김훈(2001). 『칼의 노래』. 문학동네.

뉴턴 하이라이트(2014). 『아기의 탄생』, 뉴턴프레스.

뉴턴 하이라이트(2018). 『뇌와 뉴런』, 뉴턴프레스.

뉴턴 하이라이트(2018). 『세포와 생명』, 뉴턴프레스.

뉴턴 하이라이트(2018). 『유전과 게놈』, 뉴턴프레스.

대구광역시교육청(2013). 『우리들이 만드는 세상』, 대구광역시교육청.

대통령비서실 보고서연구팀(2007). 『대통령보고서』, 위즈덤하우스.

맹자(2006). 『맹자』, 홍익출판사.

손종호(2014). 『변하지 않는 학교는 공룡이다』. 해드림.

스테파노 만쿠소(2017). 『매혹하는 식물의 뇌』, 행성B이오스.

아마리 슌이치(2017). 『뇌, 마음, 인공지능』, 홍릉과학출판사.

아이킨 윌포드(2002). 『8년 연구 이야기』, 교육과학사.

앤절라 더크워스(2016). 『그릿』, 비즈니스북스.

에릭 켄델, 래리 스콰이어(2016). 『기억의 비밀』, 해나무.

울라프 슈에베(2016). 『북유럽공부법』, 도그지어.

장동익(2004). 『흄인성론(해제)』, 서울대학교 철학사상연구소.

캐서린 러브데이(2016). 『나는 뇌입니다』, 행성B이오스.

Clayton M. Christensen (2008). *Disrupting Class: How Disruptive Innovation Will Change the Way the World Learns*, McGraw Hill.

Howard Gardner (1983). *Frames of Mind: The Theory of Multiple In-*

telligences. Basic Books: New York.

Knowles, M. S. (1975). *Self-directed learning: A guide for learners and teachers*. Englewood Cliffs: Prentice Hall/Cambridge.

Maehr, M. L. & Midgely, C. (1996) *Transforming School Cultures*. Westview Press: Colorado.

Pintrich, P. R. & Schunk, D. H. (1996) *Motivation in Education*. NJ: Merrill Prentice Hall.

Spencer & Spencer (1993) *Competency at Work*, John Wiley & Sons, New York, N.Y.

○ 찾아보기

ㅊ

ㅋ

ㅌ

ㅍ

ㅎ

손종호(孫鍾浩)

학교 현장에서 오랜 시간 교사와 교육행정가로 일하였다. 경북대학교에서 역사교육과 학사 및 한국사 석사학위를 취득하였으며 이후 미국으로 건너가 네브래스카주립대학교(UNL)에서 2000년 교육행정학 박사학위를 취득하였다. 중고등학교 재직 및 영남대학교, 계명대학교에서 겸임교수로 재직하였으며, 저서로는『변하지 않는 학교는 공룡이다』(2014), 공저로『얘들아 창체와 놀자』(2012)가 있다.
현재 대구대학교 사범대학 교직부 겸임교수 및 대구가톨릭대학교 산학협력교수이며, 2018년 이후 대구 · 경북지역 창업체험교육 수업과 과학창의재단 주관의 경북지역 창업교육을 담당하고 있다. 협동조합의 이사이자 사회적 교육가로 활동 중인 그는 교육행정과 뇌과학, 학습코칭에 몰두하여 '진행형인 교육연구자'로 활동하고 있다.

시냅스 러닝 블로그: https://blog.naver.com/isaacson
시냅스 러닝 홈페이지: https://blog.naver.com/isaacson
Email: isaacson@naver.com

시냅스 러닝

초판 발행 2020년 3월 25일

지 은 이 손종호
펴 낸 이 노 현

편 집 윤현주
기획/마케팅 장규식
디 자 인 BEN STORY
표지그림 남태원
제 작 우인도 · 고철민

펴 낸 곳 (주)피와이메이트
서울특별시 금천구 가산디지털2로 53, 한라시그마밸리 210호(가산동)
등록 2014.2.12. 제2018-000080호
전 화 02)733-6771
f a x 02)736-4818
e-mail pys@pybook.co.kr
homepage www.pybook.co.kr
ISBN 979-11-6519-034-7 93370

정 가 19,000원

박영스토리는 박영사와 함께하는 브랜드입니다.